Técnicas jornalísticas para turbinar seu marketing de conteúdo

I0427543

APRESENTAÇÃO

INTRODUÇÃO

A IMPORTÂNCIA DO JORNALISMO NO MARKETING DE CONTEÚDO

NARRATIVA E STORYTELLING

ENTREVISTAS E FONTES CONFIÁVEIS

INVESTIGAÇÃO E PESQUISA

APURAÇÃO DE DADOS E ESTATÍSTICAS

EDIÇÃO E REVISÃO DE CONTEÚDO

ESCOLHENDO TÓPICOS E ÂNGULOS RELEVANTES

ENGAJANDO A AUDIÊNCIA COM TÍTULOS CATIVANTES

A INFLUÊNCIA DAS REDES SOCIAIS NO JORNALISMO DE CONTEÚDO

SEO E PALAVRAS-CHAVE: O CASAMENTO PERFEITO

MENSURANDO O IMPACTO E O SUCESSO DO CONTEÚDO

PLANEJAMENTO DE CONTEÚDO A LONGO PRAZO

ESTRATÉGIAS DE DISTRIBUIÇÃO DE CONTEÚDO

CONSIDERAÇÕES FINAIS

SUGESTÃO DE LEITURA

REGINALDO OSNILDO

APRESENTAÇÃO

Você está prestes a mergulhar em um guia completo sobre como aplicar técnicas de jornalismo no marketing de conteúdo[1]. Ao longo dos próximos capítulos, você aprenderá desde conceitos básicos até estratégias avançadas que irão transformar a maneira como produz e distribui conteúdo.

Cada capítulo foi cuidadosamente elaborado para fornecer insights valiosos e ações práticas que podem ser implementadas imediatamente. Você sairá deste livro com uma compreensão aprofundada sobre como contar histórias envolventes, realizar entrevistas cativantes, apurar dados, otimizar para SEO[2] e muito mais.

Mas este livro não é apenas teórico. Ele foi feito para produtores de conteúdo como você. Por isso, todos os conceitos são explicados de forma simples e direta, com exemplos e estudos de caso que demonstram como aplicar essas técnicas no mundo real, ou melhor, phygital[3].

Ao final deste livro, você estará apto a elevar o seu conteúdo a um novo patamar. Sua audiência será mais engajada, você atrairá mais leads[4] e tudo isso se traduzirá em resultados concretos para o seu negócio.

Portanto, sem mais delongas, mergulhe neste guia definitivo sobre jornalismo para marketing de conteúdo. Os próximos capítulos trarão insights que podem transformar a sua estratégia de conteúdo. Boa leitura.

Atenciosamente

Prof. Dr. Reginaldo Osnildo

INTRODUÇÃO

Se você está lendo este livro, provavelmente já tem alguma noção da importância do marketing de conteúdo. Mas mesmo que você seja um experiente produtor de conteúdo, sempre vale relembrar os conceitos básicos e o porquê dessa estratégia ser tão poderosa.

Este capítulo vai recapitular o que é marketing de conteúdo, seus principais objetivos e benefícios. Você verá como o conteúdo se transformou num ativo estratégico para empresas e profissionais que desejam se destacar.

Além disso, serão apresentados casos de sucesso, dados e estatísticas que comprovam o ROI[5] do marketing de conteúdo. Você sairá deste capítulo com total clareza sobre por que investir tempo e recursos nesta estratégia.

O QUE É MARKETING DE CONTEÚDO?

Vamos começar definindo exatamente o que é marketing de conteúdo. Em poucas palavras, é a criação e distribuição de materiais relevantes e valiosos para atrair e converter uma audiência-alvo.

O foco está em produzir conteúdo que realmente ajude o público, fornecendo informações úteis e insights que resolvam dores e problemas. Diferente da publicidade tradicional, o conteúdo não é intrusivo e visa nutrir leads ao longo do funil.

Os formatos são variados: artigos de blog, e-books, guias, estudos de caso, vídeos, podcasts, posts nas redes sociais, infográficos e muito mais. Mas o que importa não é a forma, e sim a qualidade e relevância do conteúdo.

Em vez de ficar repetindo vendas e promoções, o marketing de conteúdo busca conquistar a confiança e preferência do público-alvo, posicionando sua empresa ou marca como autoridade no nicho.

PRINCIPAIS OBJETIVOS E BENEFÍCIOS

Agora que você sabe o que é marketing de conteúdo, quais são seus principais objetivos e benefícios? Para responder isso, fiz uma lista:

- **Atrair leads qualificados** - Oferecendo conteúdo relevante gratuitamente, você atrai pessoas genuinamente interessadas no seu negócio.

- **Aumentar tráfego e links** - Conteúdo de qualidade melhora o SEO e gera links e menções de outros sites.

- **Gerar insights sobre o público-alvo** - Ao produzir conteúdo constantemente, você entende melhor seus leads.

- **Aumentar vendas** - Conteúdo nutre leads ao longo do funil, aumentando conversões.

- **Fidelizar clientes** - O conteúdo cria relacionamento com a audiência e gera retorno.

- **Posicionar sua marca** - Seu conteúdo mostra sua expertise, conquistando autoridade no nicho.

- **Diminuir custos de aquisição** - Leads gerados por conteúdo custam menos do que anúncios pagos.

Como você pode começa a perceber, são vários os benefícios do marketing de conteúdo. As próximas seções trarão casos reais e dados que endossam esses resultados.

HISTÓRIAS DE SUCESSO

Uma das melhores formas de entender a eficácia do marketing de conteúdo é observando exemplos de empresas que tiveram resultados expressivos com essa estratégia.

A Moz[6], referência em SEO, viu seu tráfego e leads aumentarem após investir em conteúdo de alta qualidade, como posts extensos no blog, e-books e webinars gratuitos. A Moz adotou uma abordagem única para o marketing de conteúdo, focando na autenticidade, aproveitando o conteúdo gerado pelo usuário, investindo em SEO e fornecendo valor para seu público-alvo. A experiência da Moz oferece várias lições importantes para as empresas que desejam construir uma estratégia de marketing de conteúdo bem-sucedida, como ser autêntico, alavancar o conteúdo gerado pelo usuário, investir em SEO e fornecer valor para seu público-alvo. Inclusive no dia que revisitei o site da Moz, enquanto escrevia esse material para você, eles atualizaram um super guia[7].

MOZ

Por: Vitória Umurhurhu
6 de novembro de 2023

O guia definitivo para planejamento de conteúdo [modelo gratuito]

Marketing de Conteúdo | Indústria de Marketing

As opiniões do autor são inteiramente próprias (excluindo o evento improvável da hipnose) e podem nem sempre refletir as opiniões de Moz.

Este artigo foi publicado originalmente em 4 de setembro de 2012 e atualizado e atualizado em 6 de novembro de 2023.

A Shift Communications, agência de RP, conquistou mais leads ao focar em conteúdo ao invés de comunicados de imprensa. Um case muito legal que está no blog da empresa é uma campanha para promover dois novos tamanhos do Big Mac, usando mídia paga, conquistada organicamente e os leads próprios. A campanha incluiu uma máquina de venda automática que distribuía Big Macs gratuitos e frescos. A campanha visava atrair novos consumidores millennials[8] e engajar consumidores que haviam deixado de consumir o Big Mac. A campanha também queria criar atenção e cobertura midiática para o evento da máquina de venda automática. Isso gerou um grande buzz[9] nas redes sociais e na imprensa, usando as hashtags[10] #BigMacForThat e #BigMacATM. A campanha também recebeu feedback[11] positivo dos consumidores que experimentaram os novos produtos e elogiaram o sabor e a qualidade dos Big Macs[12].

Já a Contently, plataforma de gerenciamento de conteúdo, apresenta inúmeros cases com produção de conteúdo que refletem o sucesso da empresa[13]:

- O Scotiabank construiu um hub de educação financeira e aumentou o tráfego de pesquisa orgânica.

- A Dell Perspectives aumentou sua audiência em 200% através de uma narrativa ousada de impacto social.

- A UPMC gerou 144 mil ações de usuários e se tornou uma das fontes mais confiáveis na área de saúde.

- O American Kennel Club aumentou o tráfego em 30% e prosperou com uma pequena equipe.

- O Bank of the West está reescrevendo o playbook de conteúdo de Finserv com narrativas de sustentabilidade.

- A estratégia de distribuição de conteúdo da Cardinal Health aumentou o tráfego em 3x.

- A ENI trouxe sua expertise da indústria à vida através de

vídeo.

- O programa de conteúdo do Walmart aumentou o tamanho do carrinho de compras em 7%.

- A Marriott dobrou seu tráfego mensal para mais de 500 mil consumidores.

Esses são apenas alguns exemplos de empresas que provam a força do marketing de conteúdo quando feito de forma consistente e estratégica.

Mas nem só de cases empresariais vive o marketing de conteúdo. Muitos profissionais e influenciadores cresceram exponencialmente criando conteúdo valioso nas redes sociais.

Um exemplo é a empreendedora Marie Forleo. Com seu canal no YouTube, ela gera milhares de visualizações ensinando marketing digital e vida pessoal[14].

Outro caso de sucesso é o Neil Patel. Como blogueiro e consultor de inbound marketing, ele se tornou uma autoridade respeitada no mundo online[15].

Esses exemplos mostram que criadores de conteúdo de todos os portes e nichos podem ter grandes resultados com essa estratégia.

POR QUE O MARKETING DE CONTEÚDO DÁ CERTO?

Mas afinal, por que o marketing de conteúdo funciona tão bem? Quais são os motivos que explicam o alto ROI dessa estratégia? Essas não são perguntas que se respondem tão facilmente, como se existisse uma fórmula mágica (apesar de eu estar falando que existe a fórmula do marketing de conteúdo, ela não é mágica). O que sabemos é que algumas circunstâncias impulsionam o sucesso do marketing de conteúdo. Alguns dos principais motivos são:

- **O conteúdo atrai leads qualificados**, com interesse real no seu negócio - diferente de leads gerados por anúncios que clicam sem intenção de compra.

- **Ele posiciona** sua empresa ou marca pessoal como autoridade no nicho, o que gera credibilidade e preferência.

- Diferente da publicidade tradicional, **o conteúdo não é intrusivo**. Ele agrega valor para o público.

- Ao longo prazo, o conteúdo **gera engajamento e nutre leads** pelo funil, aumentando vendas.

- Também melhora significativamente a **descoberta orgânica**, com SEO e links de outros sites.

- E **quanto mais conteúdo você produz, mais aprende** sobre seu público-alvo e seus interesses.

O marketing de conteúdo funciona porque ele cria relacionamento, confiança e autoridade. Ele posiciona sua marca sutilmente, sem ser invasivo. Por isso, gera retornos consistentes a longo prazo.

NÚMEROS E ESTATÍSTICAS

Números também são cruciais para provar a importância desta estratégia. Por isso, veja algumas estatísticas sobre o marketing de conteúdo em 2023:[16]

- 82% dos profissionais de marketing investem ativamente em marketing de conteúdo

- 40% dos profissionais de marketing B2B têm uma estratégia de marketing de conteúdo para atrair clientes

- 69% dos profissionais de marketing investem ativamente em SEO para atrair leads

- 67% dos profissionais de marketing afirmam que o marketing de conteúdo gera leads de maneira eficaz

- 51% das empresas que investem em marketing de conteúdo publicam conteúdos todos os dias

- 81% dos profissionais de marketing veem o conteúdo como uma estratégia comercial essencial

O conteúdo veio para ficar e é um dos pilares do marketing digital hoje. Esses dados falam por si só. Eles comprovam que o marketing de conteúdo é escolhido como uma estratégia significativa para qualquer negócio.

No próximo capítulo, você verá de forma mais aprofundada a relação entre marketing de conteúdo e jornalismo. Iremos analisar como você pode se inspirar no jornalismo tradicional para criar conteúdo poderoso e envolvente.

Espero que você tenha entendido bem o que é marketing de conteúdo e os resultados expressivos que essa estratégia pode trazer para qualquer marca ou negócio. O conteúdo é a melhor forma de atrair leads qualificados e criar relacionamento hoje em dia.

Comece a planejar já o seu cronograma de conteúdo e coloque em prática as dicas que você aprenderá nos próximos capítulos. Com consistência e estratégia, você verá seus leads e vendas crescerem gradativamente. O marketing de conteúdo realmente funciona, basta saber aplicá-lo da forma correta.

A IMPORTÂNCIA DO JORNALISMO NO MARKETING DE CONTEÚDO

No capítulo anterior, você viu uma introdução sobre o que é marketing de conteúdo e por que essa estratégia é tão poderosa. Agora é hora de mergulhar mais fundo em uma área crucial para criar conteúdo que realmente envolva e converta: o jornalismo.

Neste capítulo, vamos analisar por que o jornalismo é essencial para o marketing de conteúdo hoje em dia. Você verá como aplicar técnicas consagradas do jornalismo para tornar seu conteúdo mais engajador, informativo e estratégico.

Ficou curioso? Então vamos começar.

A EVOLUÇÃO DO MARKETING DE CONTEÚDO

Antes de falar sobre a relação com o jornalismo, é importante entender como o marketing de conteúdo evoluiu ao longo dos anos.

No começo, muitas empresas viam o conteúdo apenas como uma forma de gerar links e melhorar o SEO. O foco estava em volume e quantidade, não necessariamente em qualidade.

Com o tempo, o conteúdo foi ficando mais estratégico. As marcas passaram a investir em formatos mais elaborados como e-books, infográficos, vídeos e podcasts.

Porém, em muitos casos, o conteúdo ainda era superficial, focado em vender ao invés de realmente agregar valor. As taxas de downloads e visualizações eram altas, mas o engajamento era baixo.

Hoje em dia, há uma demanda muito maior por conteúdo de qualidade. Com tanta informação disponível online, produzir material superficial ou tedioso não conquista mais resultados.

É aí que o jornalismo entra. Aplicar técnicas jornalísticas no marketing de conteúdo se tornou crucial para criar materiais que realmente conectem com a audiência e gerem engajamento.

O QUE O JORNALISMO PODE ENSINAR

O jornalismo surgiu com o objetivo de informar as pessoas sobre fatos relevantes e atuais de forma ética e engrandecedora.

Embora o marketing de conteúdo tenha objetivos comerciais, ele pode se inspirar em muito do que torna o jornalismo tão envolvente e eficaz na hora de transmitir informações.

Alguns dos principais elementos do jornalismo que podem ser aplicados ao conteúdo de marketing:

- **Apuração de fatos** - Checar dados e fontes para garantir a precisão do que está sendo dito.

- **Objetividade** - Apresentar informações de forma imparcial, sem viés ou sensacionalismo.

- **Contextualização** - Fornecer backgrounds e explicações para o público entender o assunto com clareza.

- **Humanização** - Mostrar o lado humano por trás dos fatos, com histórias e depoimentos.

- **Investigação** - Ir a fundo nos temas, trazendo ângulos e insights que o público desconhece.

- **Multimidialidade** - Combinar textos, imagens, áudios e vídeos para enriquecer a narrativa.

- **Relevância** - Cobrir o que realmente interessa ao leitor, não apenas o que é conveniente para a fonte.

Aos poucos você perceberá como esses elementos jornalísticos podem tornar seu conteúdo muito mais rico e envolvente.

O PODER DA NARRATIVA NO MARKETING DE CONTEÚDO

Um dos maiores aprendizados que o marketing de conteúdo pode absorver do jornalismo é o poder da narrativa. Contar uma história cativante faz toda a diferença na hora de criar conteúdo engajador. No marketing de conteúdo, você também quer (ou pelo menos deveria) contar histórias e narrativas convincentes por meio de seus textos, vídeos e podcasts.

Em vez de apenas jogar um monte de informações soltas, construa enredos com começo, meio e fim. Tenha um gancho introdutório, desenvolva o conteúdo de forma fluida e termine com uma conclusão memorável.

Inclua também elementos humanos nessas narrativas. Histórias sobre pessoas e suas experiências criam uma conexão emocional com o público.

Outra dica é ser visual. Descreva cenários, situações e detalhes que ajudem o leitor a se transportar para dentro daquela realidade que você está retratando.

Esses são apenas alguns exemplos de como aplicar técnicas narrativas para prender a atenção do público do início ao fim em qualquer formato de conteúdo.

CREDIBILIDADE PELO JORNALISMO NO MARKETING DE CONTEÚDO

E por falar em prender a atenção do público, outro grande aprendizado do jornalismo para o marketing de conteúdo é a credibilidade.

O jornalismo é reconhecido por buscar a verdade dos fatos antes de publicar qualquer coisa. Isso é obtido por meio de extensa apuração, checagem de fontes e precisão nos dados apresentados.

Essa postura é essencial no marketing de conteúdo também. Não publique nada que não possa comprovar com fontes e evidências. **Não exagere ou distorça dados para provar seu ponto**.

Essa credibilidade é conquistada pouco a pouco e é o que fará o público confiar em você como fonte de informação valiosa.

Algumas estratégias são:

- Linkar para suas fontes, permitindo que o leitor avalie a informação original.

- Mencionar estudos, especialistas e órgãos reconhecidos do setor.

- Sinalizar claramente quando algo é sua opinião pessoal e não um fato incontestável.

- Revelar números, taxas e quaisquer estatísticas usadas no conteúdo.

Seguindo essas práticas jornalísticas, seu conteúdo se torna muito mais confiável. E leitores que confiam no que você publica estão mais propensos a se tornarem leads e clientes no futuro.

CONTEÚDO QUE GERA RESULTADO

Até aqui, você viu várias técnicas jornalísticas que podem ser empregadas para produzir conteúdo muito mais envolvente e converter leads.

Mas não podemos esquecer que, no fim das contas, o marketing de conteúdo existe para gerar resultados para seu negócio. Todo o conteúdo que você cria deve ter um propósito estratégico por trás.

Por isso, algumas práticas do conteúdo de marketing que diferem do jornalismo puro são:

- Focar em tópicos alinhados com o seu funil, que atraiam seus *buyer personas*[17]. Já o jornalismo precisa cobrir uma gama mais ampla de temas.

- Segmentar e direcionar conteúdo específico para diferentes públicos-alvo, ao invés de tentar agradar a todos.

- Incluir *calls to action* [18]de acordo com a etapa do funil, convidando os leads a tomarem a próxima ação.

- Fazer posts patrocinados e anúncios que ampliem o alcance dos seus conteúdos.

Embora o storytelling[19] e as técnicas jornalísticas sejam essenciais, nunca se esqueça dos objetivos do seu negócio. O conteúdo precisa gerar conversões a partir de um determinado momento.

Equilibre informação de qualidade com convites à ação quando o lead estiver pronto para avançar pelo funil. Contextualize, educando seus leads, e depois direcione-os para o próximo passo.

Esse equilíbrio entre educação e promoção é o que torna o marketing de conteúdo tão efetivo.

JORNALISMO É A BASE PARA CONTEÚDO PODEROSO

Chegamos ao final deste capítulo com uma visão abrangente sobre a relação crucial entre jornalismo e marketing de conteúdo hoje em dia.

Você viu como o jornalismo pode ensinar técnicas essenciais de apuração, narrativa, credibilidade e contextualização da informação.

Aplicando essas lições em seus conteúdos, você conquista a confiança do público e o envolve com histórias e fatos interessantes e relevantes.

Mas lembre-se também dos objetivos do marketing de conteúdo, que vão além de informar. O conteúdo serve para nutrir leads, posicionar sua marca e eventualmente gerar vendas.

No próximo capítulo, mergulharemos em uma técnica jornalística específica e poderosa: o storytelling. Você verá estratégias práticas para contar histórias no conteúdo que prendem a atenção do início ao fim.

Espero que você tenha entendido o valor do jornalismo para criar conteúdo que de fato interessa e envolve seu público-alvo. Técnicas jornalísticas dão credibilidade e engajamento para seu conteúdo de marketing. Aos poucos você dominará todas elas.

Aproveite essas dicas e comece a aplicá-las já para transformar a qualidade do conteúdo que você produz. Lembre-se: informação de valor gera confiança, e confiança gera vendas.

NARRATIVA E STORYTELLING

No capítulo anterior, você viu a importância de aplicar técnicas jornalísticas no marketing de conteúdo, incluindo o poder da narrativa para prender a atenção da audiência.

Agora chegou a hora de explorar esse tema em maior profundidade. Neste capítulo, você verá estratégias e dicas práticas para contar histórias cativantes através do storytelling no seu conteúdo.

Vamos mergulhar nesse universo?

O QUE É STORYTELLING?

Antes de mais nada, vamos definir o que é storytelling. Em poucas palavras, é a arte de contar histórias de forma envolvente para conectar com as pessoas em um nível emocional.

Diferente de simplesmente apresentar fatos ou dados, o storytelling cria uma narrativa em torno desses elementos. Ele te coloca dentro da história e te faz vivenciar a jornada dos personagens.

O storytelling é usado desde as antigas tradições orais até narrativas modernas como cinema, literatura e mesmo no jornalismo. E é uma técnica que você pode transportar para seus conteúdos também.

Por que o storytelling funciona?

Mas por que contar histórias cativa tanto as pessoas? Quais são os motivos que tornam o storytelling tão poderoso?

Alguns dos principais são:

- **Conexão emocional:** as pessoas se identificam com personagens e situações parecidas com as suas;

- **Fácil de lembrar:** histórias ficam gravadas na nossa memória de forma mais eficaz que fatos soltos;

- **Prende a atenção:** a curiosidade para saber o final da

história faz o público seguir consumindo o conteúdo;

- **Cria relacionamento:** ao dividir histórias pessoais, você se aproxima mais do público;

- **Entretenimento:** o storytelling informa e educa de forma agradável, não maçante.

Esses são alguns dos motivadores psicológicos que explicam o poder das narrativas no marketing de conteúdo e na publicidade.

Histórias inspiram, ensinam e influenciam as pessoas, de forma sutil e orgânica. Por isso, dominar o storytelling fará toda a diferença na qualidade e conversão do seu conteúdo.

Mas como aplicar o storytelling na prática? As próximas seções trazem dicas e exemplos práticos.

ESCOLHENDO HISTÓRIAS RELEVANTES

Antes de sair inventando histórias aleatórias, é preciso entender que nem toda narrativa cabe no seu conteúdo. A história precisa estar alinhada ao tema e trazer algum valor para o seu público-alvo.

Algumas fontes potenciais de histórias para seu conteúdo:

- Casos de sucesso de clientes que aderiram ao seu produto/serviço

- Histórias pessoais suas ou da origem da sua empresa/marca

- Pesquisas de mercado, entrevistas e insights sobre o segmento

- Dados e projeções que mostram uma evolução histórica

- Relatos de especialistas e líderes de opinião

- Exemplos de empresas similares que ilustram algum conceito

- Histórias hipotéticas, mas realistas, sobre seu cliente ideal

Foque em histórias que mostrem uma transformação - a situação inicial, os desafios, e como você ou seu produto ajudam a resolver esses obstáculos.

Escolha ângulos não óbvios e que tragam uma nova perspectiva para o leitor. As melhores histórias são as que ele não consegue encontrar em qualquer outro lugar.

ESTRUTURANDO A NARRATIVA

Depois de escolher uma boa história, você precisa estruturá-la de forma cativante. Lembre-se dos elementos clássicos de qualquer narrativa:

- **Gancho introdutório** - comece apresentando os personagens e o cenário inicial de forma instigante.

- **Desenvolvimento** - explore os desafios, obstáculos, tentativas e erros dos personagens para resolver a situação.

- **Clímax** - o momento crítico da história, seja uma reviravolta, solução ou grande insight.

- **Conclusão** - feche mostrando a resolução e o que foi aprendido ao final dessa jornada.

Além disso, aposte em narrativas não lineares, que usam flashbacks, flashforwards e outros recursos para quebrar a linearidade da história.

Também explore todas as emoções: alegria, tristeza, medo, raiva, surpresa. Faça o leitor se colocar no lugar daqueles personagens.

E capriche nas descrições e detalhes. Quanto mais sensorial e vivo, mais fácil para o público visualizar aquela cena em sua imaginação.

STORYTELLING VISUAL E SONORO

Até agora demos exemplos de storytelling em conteúdos escritos, mas as narrativas também podem ser contadas de forma visual e sonora em vídeos e podcasts.

Nesses formatos, elementos como trilha sonora, imagens e entonação ajudam a estabelecer o clima e reforçar as emoções da história.

Em vídeos, você ainda conta com recursos visuais como flashbacks, imagens de apoio, infográficos e reconstituições, entre outros.

Já em áudio, a entonação de voz, trilhas sonoras e efeitos especiais ajudam a enriquecer a narrativa. Entrevistas com os personagens da história também adicionam mais veracidade.

Independente do formato, o storytelling permite desenvolver narrativas ricas e envolventes que conectam com o público bem mais do que fatos e dados soltos.

HISTÓRIAS DE CLIENTES E CASOS DE SUCESSO

Um tipo de storytelling muito poderoso no marketing de conteúdo é o caso de sucesso de clientes reais da sua empresa.

Ao invés de apenas listar os benefícios do seu produto/serviço, conte a história de um cliente que resolveu um problema específico ao adotar a sua solução.

Descreva o cenário inicial de dor, as tentativas fracassadas com outras alternativas, como ele conheceu você e os resultados após contratar o seu produto/serviço.

Foque nos desafios reais e na transformação positiva. Mostre números e dados concretos sempre que possível para comprovar a mudança.

Essa aplicação prática e a identificação com o personagem tornam esse tipo de storytelling extremamente poderoso para ajudar leads a visualizarem o valor do seu produto na prática.

HISTÓRIAS SOBRE A ORIGEM DA SUA MARCA

Outro tipo muito comum é o storytelling sobre a origem da sua empresa, produto ou marca pessoal.

Conte de forma envolvente quais foram suas motivações, os desafios no começo e como sua solução foi validada no mercado.

Esse é um ótimo recurso para humanizar sua marca e se conectar com o público em um nível mais pessoal, construindo relacionamento.

Explore seus aprendizados, erros e reviravoltas no caminho. Transmita seus valores e propósito por trás da marca por meio dessa narrativa.

Esse tipo de história ajuda o público a se identificar com você e entender melhor o que sua empresa ou marca defende. Isso gera empatia e preferência.

STORYTELLING NO PÓS-VENDA

As histórias também podem ser poderosas no pós-venda, para engajar clientes que já contrataram seu produto/serviço.

Nesse caso, conte histórias sobre as várias formas que seu produto pode ser utilizado, novos casos de uso, evoluções e melhorias ao longo do tempo.

Crie conteúdo que os ajude a aproveitar ainda mais os recursos disponíveis, transmitindo sua expertise de forma indireta por meio dessas narrativas.

Esse tipo de storytelling reduz o churn[20] e ajuda a vender expansões e upgrades para clientes atuais. As histórias reforçam o valor do que eles já adquiriram anteriormente.

O CÉU É O LIMITE

Existe uma infinidade de possibilidades criativas para aplicar o storytelling no marketing de conteúdo e conquistar leads de forma orgânica.

Lembre-se das dicas desta seção e explore diferentes ângulos, formatos e momentos para contar histórias relevantes e engajadoras.

No próximo capítulo, entraremos em outra técnica jornalística essencial: a entrevista. Você verá as melhores práticas para identificar e preparar fontes, conduzir a entrevista e transformar tudo isso em conteúdo rico.

Espero que você tenha entendido o poder do storytelling e já esteja pensando em como aplicar essas técnicas narrativas no seu próprio conteúdo. Não se esqueça dos elementos clássicos de uma boa história.

Lembre-se: fatos você encontra em qualquer lugar, mas histórias cativantes conquistam a mente e o coração das pessoas. Invista em narrativas criativas e inspire sua audiência.

ENTREVISTAS E FONTES CONFIÁVEIS

Nos capítulos anteriores, você viu a importância de aplicar técnicas jornalísticas no marketing de conteúdo, incluindo storytelling e narrativas cativantes.

Agora é hora de explorar outra estratégia essencial vinda do jornalismo: a entrevista com fontes experientes e confiáveis.

Neste capítulo, você verá como identificar e preparar boas fontes, conduzir entrevistas envolventes e transformar tudo isso em conteúdo rico para seu público.

Preparado para dominar as entrevistas? Então vamos começar!

A IMPORTÂNCIA DE ENTREVISTAR ESPECIALISTAS

Antes de entrarmos nas dicas práticas, é preciso entender por que conversar com especialistas e líderes de opinião é tão valioso para o marketing de conteúdo.

Alguns dos principais motivos para realizar entrevistas são:

- Oferece insights exclusivos que seu público não encontra em outro lugar

- Humano e cativante, conecta sua audiência com experts respeitados

- Reforça sua autoridade ao estar junto de figuras influentes

- Economiza tempo de pesquisa e gera ideias para novos conteúdos

- Pode ser reutilizado em diversos formatos: texto, áudio, vídeo etc.

- Mais fácil de rankear em buscadores por conter conteúdo original

Como você pode ver, as entrevistas trazem benefícios únicos tanto para você quanto para o público. Por isso, é um tipo de conteúdo que todo criador de conteúdo deve dominar.

ONDE ENCONTRAR BONS ENTREVISTADOS

Agora que você sabe da importância de entrevistar, onde encontrar os melhores especialistas para conversar? Eis algumas sugestões:

- Influenciadores do seu nicho nas redes sociais

- Autores de livros populares relacionados ao seu tema

- Executivos de empresas relevantes do seu setor

- Professores e pesquisadores acadêmicos

- Líderes de grandes comunidades, grupos e fóruns

- Jornalistas que cobrem o seu segmento

- Palestrantes de eventos, meetups e conferências

- Podcasters que discutem temas alinhados

O ideal é combinar gente muito influente, que trará autoridade, com outros nomes ainda não conhecidos, que você ajudará a ganhar projeção.

E não tenha medo de falar com nomes fora do seu nicho também. Às vezes um olhar de outra área traz insights inesperados.

PREPARANDO O TERRENO PARA A ENTREVISTA

Depois de selecionar os entrevistados, é hora de preparar o terreno para que a conversa flua da melhor forma.

Primeiro, explique sobre você, seu trabalho e os objetivos da entrevista. Deixe a pessoa confortável e interessada em participar.

Em seguida, já antecipe algumas perguntas e os principais tópicos que quer explorar. Mas deixe a conversa aberta para ir a fundo em insights que surgirem na hora.

Pesquise muito sobre a trajetória e ideias da pessoa, para fazer perguntas mais apuradas e estabelecer uma conexão pessoal durante a conversa.

E não se esqueça dos aspectos práticos: defina o melhor canal (presencial, chamada de vídeo, etc.), hora, data, duração esperada, equipamentos necessários e se você pode gravar e publicar a entrevista.

TIPOS DE PERGUNTAS PARA UMA ÓTIMA ENTREVISTA

Durante a entrevista em si, é essencial fazer os tipos certos de perguntas para extrair o máximo de insights valiosos.

Alguns exemplos:

- Abertas: pedem mais detalhes e explicações. Ex: Quais são os maiores desafios de...?

- Fechadas: respostas diretas, frequentemente apenas "sim" ou "não". Ótimas para confirmar dados e fatos.

- Funil: começa abrangente e vai focando no tema principal. Explora os assuntos de várias perspectivas.

- Aprofundamento: pedem mais detalhes sobre algo já respondido. Ex: Você pode falar mais sobre...?

- Hipotéticas: propõe cenários imaginários para estimular insights interessantes.

- Desafiadoras: põe as crenças da pessoa à prova. O ideal é fazer no fim, quando já estiver confortável.

- Pessoais: revelam motivações, histórias, fraquezas e aprendizados do entrevistado. Humanizam a conversa.

Alterne entre esses tipos para tornar a conversa dinâmica e explorar o tema a fundo, da experiência prática aos aspectos subjetivos.

CONDUZINDO A ENTREVISTA

Durante a conversa em si, fique atento à linguagem corporal e reações para direcionar a entrevista da melhor forma:

- Faça anotações dos principais pontos e perguntas de aprofundamento para explorar mais na hora certa.

- Não interrompa demais, mas não tenha medo do silêncio. Espere a pessoa terminar completamente a ideia antes de fazer uma nova pergunta.

- Mantenha contato visual, acene positivamente e demonstre interesse no que está sendo dito.

- Caso a pessoa divague muito, traga o foco de volta ao tema principal com perguntas direcionadoras.

- Esteja preparado para improvisar e mudar o rumo da conversa se surgirem insights interessantes não planejados.

Com empatia e prática, você desenvolverá o jeito ideal de conduzir entrevistas cativantes e produtivas.

TRANSFORMANDO A ENTREVISTA EM CONTEÚDO

Depois de finalizar a entrevista, chega uma das partes mais importantes: transformar aquela conversa em conteúdo de valor para o seu público.

Para textos e podcasts, selecione os principais insights e produza um roteiro com começo, meio e fim claro.

Em vídeo, edite os melhores trechos e adicione cenas extras para ilustrar os pontos mais importantes da conversa.

Se for publicar a entrevista completa, produza uma descrição e destaques dos tópicos abordados para orientar o público.

Caso queira transformar em artigos menores, quebre a entrevista em partes organizadas por assunto ou por pergunta.

O ideal é gerar o máximo de conteúdo possível a partir de uma entrevista. Teste formatos e ângulos diferentes.

Assim, uma conversa de 30 minutos pode facilmente gerar um especial de podcast, artigos para o blog, trechos para as redes sociais e muito mais.

E não se esqueça de convidar o entrevistado a compartilhar essa entrevista com a própria audiência dele. Isso ajuda a expandir o alcance.

Com a experiência, você se tornará um expert em tirar o máximo proveito de cada minuto de conversa com especialistas.

ESTRATÉGIAS PARA SE DESTACAR NO MUNDO DOS PODCASTS

Já pensou em se aventurar no mundo dos podcasts e entrevistas em áudio? Aqui vão algumas dicas poderosas:

- Invista em equipamentos de áudio profissionais para gravar as conversas com alta qualidade.

- Tenha um roteiro flexível, mas faça edições pontuais depois para manter apenas o melhor conteúdo.

- Componha uma identidade sonora marcante, com vinheta personalizada, trilhas etc.

- Publicite seu podcast em todas as plataformas: Spotify, Apple Podcasts, etc.

- Intercale episódios solo com entrevistas para variar os formatos.

- Crie conteúdo extra no YouTube e nas redes sociais para divulgar os episódios.

- Capriche na arte do podcast e nas descrições para atrair novos ouvintes.

Com consistência, criatividade e boas entrevistas, seu podcast pode se tornar uma plataforma de conteúdo muito poderosa para seu negócio.

CHEGOU A HORA DE BOTAR A MÃO NA MASSA!

Chegamos ao final deste capítulo com uma visão completa sobre como realizar entrevistas envolventes e transformá-las em conteúdo estratégico.

Você viu onde encontrar bons entrevistados, como preparar, quais tipos de perguntas fazer e como conduzir uma conversa produtiva que gera insights valiosos.

Além disso, aprendeu como transformar essas entrevistas em conteúdos no formato de texto, áudio e vídeo para engajar sua audiência.

Agora é hora de colocar essas lições em prática! No próximo capítulo, entraremos em outro pilar do jornalismo: a apuração e investigação aprofundada sobre um tema.

Espero que você tenha compreendido o valor das entrevistas para produzir conteúdo exclusivo e estratégico. Encontre especialistas generosos e gere insights que seu público não consegue obter em outro lugar.

Lembre-se: entrevistas bem conduzidas conquistam autoridade, engajamento e novas ideias para você. Então mãos à obra nesse novo formato!

INVESTIGAÇÃO
E PESQUISA

Nos capítulos anteriores, você aprendeu técnicas jornalísticas essenciais como storytelling e entrevistas para criar conteúdo envolvente.

Chegou a hora de explorar outro elemento crucial: a investigação e pesquisa profunda sobre um tema.

Neste capítulo, veremos como investigar a fundo assuntos do seu nicho e apresentar novas perspectivas e insights que o público não encontra em outro lugar. Vamos nessa jornada?

A IMPORTÂNCIA DA INVESTIGAÇÃO NO JORNALISMO

Antes de mais nada, por que a investigação é tão importante no jornalismo tradicional? Quais benefícios ela traz para o público?

Alguns dos principais são:

- Revela novos fatos e ângulos que estavam ocultos

- Traz transparência e expõe problemas que precisam de atenção

- Empodera o cidadão com informações confiáveis e imparciais

- Auxilia na tomada de decisão baseada em dados apurados

- Permite checar declarações e discursos de figuras poderosas

- Combate à desinformação com fontes e provas concretas

Esses elementos são cruciais para manter uma sociedade livre e bem informada. E no marketing de conteúdo, a investigação também tem grande valor.

O PODER DA INVESTIGAÇÃO NO CONTEÚDO

Uma pesquisa bem feita demonstra que você domina plenamente o seu tema e vai além do conhecimento superficial.

Ao fazer uma investigação profunda sobre um assunto e apresentar novas perspectivas, você se torna uma autoridade no nicho.

Além disso, insights que ninguém mais apresenta geram curiosidade e engajamento. As pessoas amam descobrir coisas que antes eram desconhecidas.

Outro benefício é prover mais contexto e entendimento sobre um tema complexo. Esclarecer dúvidas frequentes com dados apurados também é uma forma de investigar.

Ou seja, aplicar técnicas de investigação jornalística no seu conteúdo traz credibilidade, interesse e compreensão aprofundada para o seu público.

FONTES PARA UMA INVESTIGAÇÃO CONFIÁVEL

Agora que você sabe da importância, como realizar uma investigação bem fundamentada no marketing de conteúdo? Quais são as melhores fontes?

Algumas recomendações são:

- Entrevistar múltiplos especialistas com visões diferentes.

- Pesquisar estudos acadêmicos e científicos aprofundados.

- Analisar dados brutos de pesquisas e relatórios públicos.

- Buscar insights com profissionais que atuam diretamente no tema.

- Descobrir estatísticas e projeções de institutos de renome.

- Consultar regulamentações, leis e documentos oficiais.

- Verificar declarações e fatos contra outras fontes confiáveis.

- Fazer pedidos formais de informação junto a órgãos públicos.

Quanto mais fontes você triangular, mais precisas serão as conclusões da sua investigação. Dados que se repetem em várias fontes são mais confiáveis.

FERRAMENTAS PARA INVESTIGAR ONLINE

Além dessas fontes humanas, existem também ferramentas disponíveis online que facilitam a investigação à distância.

Alguns exemplos muito úteis:

- **Google Alerts**[21]: permite que você receba notificações sempre que um termo específico for mencionado na internet. É uma ótima ferramenta para monitorar a presença online de uma marca ou tópico.

- **BuzzSumo**[22]: ajuda a descobrir conteúdos populares sobre um tema específico. É útil para entender quais tópicos estão gerando mais interesse.

- **SEMrush**[23]: fornece dados de tráfego e SEO de sites concorrentes, o que pode ser valioso para estratégias de marketing digital.

- **SimilarWeb**[24]: oferece análise de métricas de sites e aplicativos, ajudando a entender o desempenho e o alcance de um site ou aplicativo.

- **Google Trends**[25]: mostra as buscas populares e o interesse por tópicos ao longo do tempo, o que pode ser útil para identificar tendências.

- **Google Acadêmico**[26]: é uma ferramenta de pesquisa que permite o acesso a pesquisas e periódicos acadêmicos completos.

- **Twitter Advanced Search**[27]: permite uma busca avançada dentro do Twitter, o que pode ser útil para encontrar tweets específicos ou entender o que está sendo dito sobre um tópico específico no Twitter.

Usar essas ferramentas combinadas com fontes humanas permite explorar um tema por diferentes ângulos e ter insights mais completos.

ÂNGULOS CRIATIVOS PARA INVESTIGAR

Encontre ângulos originais para explorar um tema já conhecido. Algumas ideias criativas:

- Investigar o mesmo fenômeno em diferentes lugares ou culturas.

- Analisar a evolução histórica de uma tendência ao longo do tempo.

- Descobrir os bastidores e os "porquês" por trás de decisões importantes.

- Identificar padrões e correlações entre dados aparentemente desconexos.

- Entender o problema pelas histórias pessoais de quem foi afetado por ele.

- Desmistificar crenças populares com provas concretas.

- Comparar casos de sucesso e fracasso dentro de uma mesma indústria.

- Ouvir opiniões informadas fora do seu círculo imediato.

Encontrar uma abordagem nova sobre algo batido ou expandir para áreas pouco exploradas são boas estratégias.

CONTE HISTÓRIAS HUMANAS POR TRÁS DOS FATOS

Lembre-se também da importância do storytelling nessas investigações. Combine os dados duros com histórias humanas e exemplos práticos.

Ao entrevistar pessoas com experiências diversas sobre o tema investigado, você obtém perspectivas e vivências essenciais para ilustrar essa questão na prática.

Histórias reais fazem os dados ganharem vida e ajudam o público a se colocar no lugar das pessoas afetadas pelo problema.

Além de trazer à tona novas informações, contextualize e mostre como isso impacta pessoas como o seu leitor. A combinação de fatos comprovados, dados apurados e narrativas cativantes é imbatível.

FERRAMENTAS PARA ORGANIZAR SEU PROCESSO INVESTIGATIVO

Por fim, como organizar e gerenciar todo o processo de investigação? Algumas ferramentas úteis:

- **Trello**[28]: permite que você crie quadros para organizar fontes, dados por verificar, cronogramas, etc.

- **Evernote**[29]: ajuda a salvar suas anotações com tags para encontrar tudo facilmente.

- **Google Docs**[30]: permite a produção de rascunhos colaborativos em tempo real.

- **Dropbox Paper**[31]: oferece a capacidade de editar texto, imagens e arquivos de forma organizada.

- **Grammarly**[32]: auxilia na correção de erros gramaticais e melhora o texto investigado.

- **Otter.ai**[33]: oferece a capacidade de transcrever entrevistas automaticamente.

Essas são algumas sugestões de ferramentas para investigar como um repórter e produzir conteúdo profundo do zero.

INVESTIGUE E SE APROFUNDE EM SEU NICHO

Chegamos ao fim deste capítulo com dicas completas para realizar investigações profundas no seu nicho como os grandes repórteres.

Você viu a importância de ir além do conhecimento superficial e as inúmeras fontes que pode consultar para embasar seus insights.

Agora é sua vez de encontrar ângulos criativos e trazer novas perspectivas sobre temas do seu setor. Combine fatos, dados, histórias e ferramentas online para criar investigações cativantes e memoráveis.

No próximo capítulo, veremos estratégias para apurar e analisar dados e estatísticas de forma precisa no marketing de conteúdo.

Espero que você tenha compreendido o valor de se aprofundar em um assunto relevante e se tornado uma autoridade investigativa no seu nicho.

Lembre-se: quanto mais você descobre, mais autoridade conquista. Então mãos à obra nessa apuração e boas descobertas!

APURAÇÃO DE DADOS
E ESTATÍSTICAS

Nos capítulos anteriores, você viu a importância de realizar investigações profundas no marketing de conteúdo.

Chegou o momento de explorar uma faceta essencial de qualquer investigação: a apuração cuidadosa de dados e estatísticas.

Neste capítulo, você verá como coletar, analisar e apresentar números de forma precisa e estratégica no seu conteúdo. Vamos nessa?

A CREDIBILIDADE ESTÁ NOS DETALHES

Por que dar tanta ênfase à apuração de métricas e estatísticas? Quais os riscos de citar dados sem checagem adequada?

Algumas razões cruciais:

- Números imprecisos destroem sua credibilidade como fonte confiável.

- Decisões importantes são tomadas com base em dados apurados.

- É fácil distorcer e enganar usando estatísticas fora de contexto.

- Fontes duvidosas e vieses inconscientes podem contaminar conclusões.

- Dados falsos ou distorcidos viram base para teorias conspiratórias.

Por isso, todo profissional sério faz checagem rigorosa antes de publicar números e fatos. Essa apuração minuciosa é o que separa jornalismo ético de conteúdo enganoso.

ONDE BUSCAR DADOS CONFIÁVEIS

Agora que você sabe da importância de apurar dados, quais são as melhores fontes para encontrar estatísticas confiáveis?

Algumas recomendações:

- Institutos de pesquisa consolidados: Datafolha, IBGE e Ipea são institutos de pesquisa bem estabelecidos no Brasil.

-Órgãos governamentais: Ministérios, Secretarias e agências reguladoras são entidades governamentais que existem em muitos países, incluindo o Brasil.

- Publicações científicas revisadas por pares: Essas são publicações que passam por um processo rigoroso de revisão por especialistas no campo antes de serem publicadas.

- Bancos e instituições financeiras reconhecidas: Existem muitos bancos e instituições financeiras reconhecidas e regulamentadas pelo Banco Central do Brasil.

- Associações setoriais e conselhos profissionais: Essas são organizações que representam certas profissões ou setores da indústria.

- Empresas de análise de mercado: Bloomberg e Morningstar são empresas bem conhecidas que fornecem análises de mercado.

- Entidades multilaterais: O Banco Mundial, FMI, ONU e OCDE são organizações internacionais que trabalham em várias áreas, incluindo desenvolvimento econômico e social.

Busque fontes com credibilidade comprovada ao longo do tempo. E fique atento a possíveis vieses em institutos privados ou com agendas específicas.

Confira a metodologia e amostra

Além da fonte, antes de citar qualquer dado, verifique:

- Como foi feita a coleta das informações? Pesquisa, formulário, dados administrativos?

- A amostra é grande e diversificada o suficiente para representar a população?

- Qual o possível viés da organização ou autor do estudo?

- Os dados são recentes ou desatualizados? Algum contexto mudou desde então?

- A metodologia está clara? Como categorias são definidas?

Essas checagens valem mesmo para fontes conceituadas. Erros acontecem e metodologias podem ser questionáveis. Apure com visão crítica.

CUIDADO COM O CONTEXTO E COMPARAÇÕES

Além de checar a origem e metodologia, cuide para apresentar os dados no contexto adequado.

Fique atento a detalhes como:

- O intervalo de tempo analisado. Dados mensais versus anuais podem dar impressões muito diferentes.

- O local ou recorte populacional da amostra. Geralmente não se pode extrapolar.

- Exceções, variações e tendências ao longo do período analisado.

- Definições das métricas e o que exatamente elas representam.

Também tome cuidado especial com comparações entre estudos, locais e períodos. Questione:

- As metodologias de coleta são similares o suficiente para permitir a comparação?

- Alguma definição ou categoria difere entre os dados comparados?

- Os contextos econômico, social, demográfico eram similares nas comparações?

- Os períodos são comparáveis ou há grandes diferenças de intervalo?

Evite comparações precipitadas que podem levar o leitor a conclusões enganosas.

CUIDADO COM CORRELAÇÕES ESPÚRIAS

Outro ponto crucial é não confundir correlação com causalidade.

Observar que A ocorre junto com B não significa que A causa B. Pode haver um fator C oculto causando os dois.

Por exemplo, obesidade correlacionada com nível educacional. Mas a causa real pode ser a renda afetando ambos.

Para provar causalidade, é preciso isolamento rigoroso de variáveis por meio de experimentos controlados.

Na dúvida, use termos como "associação", "relação" e "correlação" em vez de carimbar relações diretas de causa e efeito.

SIMPLIFIQUE, MAS SEM DISTORCER

Você não precisa inundar o leitor com tabelas infindáveis de números. Simplifique apresentando:

- As principais conclusões de forma direta.

- Os dados-chave que sustentam essas conclusões.

- Exemplos e comparações para dar dimensão e perspectiva.

- Cuidado com porcentagens tiradas de contexto. Prefira números absolutos ou taxas claras.

- Gráficos bem construídos valem mais do que longas parágrafos.

- Mas não exagere nas simplificações. Advertências e detalhes importam.

ENVOLVA O LEITOR COM INSIGHTS HUMANOS

Lembre-se também dos ensinamentos sobre storytelling.

Combine os números com histórias humanas.

Procure relatos de pessoas reais para exemplificar como aqueles dados afetam vidas:

- O microempreendedor que teve seu negócio afetado por uma nova regulação.

- O trabalhador que sofreu com corte de uma política pública.

- A família atingida por uma doença cujos casos crescem no país.

Dados abstratos ganham outra dimensão quando seus efeitos concretos ficam evidentes. Nunca se esqueça da empatia.

FERRAMENTAS ÚTEIS NA ANÁLISE DE DADOS

Por fim, algumas ferramentas úteis para analisar e simplificar dados:

- **Microsoft Excel**[34]: É uma ferramenta de planilha eletrônica que permite a organização, análise de dados e a criação de tabelas dinâmicas para resumir grandes conjuntos de dados.

- **Google Sheets**[35]: É uma ferramenta de planilha online que permite a colaboração em tempo real e integrações com outras ferramentas.

- **Tableau**[36]: É uma ferramenta de visualização de dados que permite a criação de painéis analíticos interativos.

- **Power BI**[37]: É uma suíte de ferramentas de análise de negócios que oferece insights em toda a sua organização e permite a criação de relatórios visuais e painéis gerenciais personalizados.

HORA DE ANALISAR DADOS COMO UM REPÓRTER

Chegamos ao fim deste capítulo com dicas abrangentes para coletar, checar, analisar e apresentar dados de forma ética e precisa.

Você viu fontes confiáveis de estatísticas, armadilhas comuns com números e o equilíbrio entre simplificar e manter a precisão.

Agora é sua vez de apurar dados para respaldar suas investigações e conteúdo. Encontre insights em números, mas nunca se esqueça das pessoas por trás deles.

No próximo capítulo, veremos estratégias de edição e revisão para refinar e melhorar qualquer conteúdo antes da publicação.

Espero que você tenha entendido sua responsabilidade ao apresentar números e esteja pronto para apurá-los como um verdadeiro repórter.

Lembre-se, credibilidade vem com apuração. Investigue, analise e simplifique dados com cuidado e ética. Esta é a base do jornalismo preciso.

EDIÇÃO E REVISÃO
DE CONTEÚDO

Nos capítulos anteriores, você aprendeu sobre apuração e análise de dados para criar conteúdo confiável e embasado.

Chegou o momento de explorar as etapas finais antes da publicação: edição e revisão do conteúdo.

Neste capítulo, veremos princípios editoriais, dicas de redação e revisão para refinar seu conteúdo até a perfeição. Vamos começar?

A IMPORTÂNCIA DA EDIÇÃO

Por que dedicar tanto tempo à edição e revisão? Por que não publicar assim que o rascunho estiver pronto?

Alguns motivos cruciais:

- Remove imprecisões, erros factuais e inconsistências.

- Melhora o fluxo lógico das ideias e a estrutura.

- Elimina desvios do foco central ou trechos desnecessários.

- Garante conformidade com diretrizes e boas práticas.

- Alinha terminologia para coerência interna.

- Cuida de detalhes como gramática, ortografia e pontuação.

- Adapta o tom e linguagem ao público-alvo.

A edição remove asperezas e eleva o conteúdo a um nível profissional de qualidade antes da publicação.

PRINCÍPIOS EDITORIAIS FUNDAMENTAIS

Quais são os princípios fundamentais que guiam o trabalho de um editor de conteúdo?

- **Clareza** - as ideias devem ser compreensíveis para o público-alvo.

- **Coerência** - evitar contradições e manter linha consistente de raciocínio.

- **Coesão** - conexões lógicas entre frases e parágrafos.

- **Concisão** - preferir a palavra certa em vez de várias. Eliminar o que não agrega.

- **Contextualização** - explicar conceitos técnicos. Não assumir conhecimento prévio.

- **Consistência** - padronizar terminologia, nomes, siglas ao longo do texto.

- **Credibilidade** - todas as informações precisam ser verificáveis e bem embasadas.

Seguir esses princípios editoriais fundamentais eleva muito a qualidade do conteúdo final publicado.

CUIDADO COM A DUPLICAÇÃO DE CONTEÚDO

Outro aspecto crucial na edição é evitar a duplicação de conteúdo, também conhecida como autoplágio.

Porque repetir textos ou trechos longos pode gerar problemas como:

- Penalização em buscadores por conteúdo não original.

- Desconfiança do público, que espera material inédito.

- Viola direitos autorais ao publicar conteúdo de terceiros.

- Falta de coerência ao misturar fontes e visões distintas.

O ideal é criar conteúdo 100% original para cada novo material publicado.

Mas algumas referências pontuais a trabalhos anteriores são esperadas para dar contexto e construir sua autoridade de forma orgânica ao longo do tempo.

O equilíbrio está em se apoiar no trabalho prévio sem repeti-lo na íntegra. Sempre produza insights novos.

DICAS DE REDAÇÃO PARA CONTEÚDO FLUIDO

Além desses princípios gerais, existem também boas práticas de redação para criar um texto fluído.

Algumas dicas:

- Aposte em parágrafos e sentenças com tamanhos variados, para dar ritmo à leitura.

- Evite palavras desnecessárias que não agregam informação relevante.

- Cuidado com a voz passiva, que pode deixar o texto pesado. Prefira a voz ativa.

- Troque termos técnicos por equivalentes mais simples quando possível.

- Destaque palavras-chave com negrito, itálico e aspas quando apropriado.

- Lista com marcadores ajudam a quebrar textos extensos em tópicos consumíveis.

Investir em variância, concisão e simplicidade torna seu conteúdo muito mais atraente e fácil de assimilar pelo público.

O PODER DA REVISÃO HUMANA

Por mais que ferramentas como corretores ortográficos sejam úteis, ainda é essencial ter revisores humanos analisando seu conteúdo.

Por quê? Porque só nós, seres humanos, podemos avaliar com clareza se o conteúdo faz sentido, soa natural e está bem estruturado.

Além disso, erros gramaticais e de digitação frequentemente passam despercebidos por ferramentas automáticas.

Por isso, sempre revise você mesmo o conteúdo em momentos

distintos antes de publicar. E terceirizar a revisão para alguém qualificado também agrega camadas extras de melhoria.

Uma boa dica é a revisão invertida: ler o conteúdo de trás para frente, verificar títulos e roteiro sem o texto, para ter uma visão crítica.

Esse trabalho minucioso faz toda a diferença na qualidade que o público percebe.

O RITMO CERTO DAS REVISÕES

Quantas revisões e edições são realmente necessárias antes de publicar um conteúdo? Eis algumas diretrizes:

- Revisões grandes: pelo menos 2 rodadas separadas por alguns dias para uma perspectiva fresca.

- Microrrevisões: fazer rapidamente antes de cada publicação mesmo de conteúdo já revisado.

- Revisões periódicas: atualizar e melhorar conteúdos antigos que seguem gerando valor.

- Revisão instantânea: durante a criação, já ir melhorando trechos e frases na hora.

Encontrar seu próprio ritmo é importante. Excesso de edições indefinidamente adia a publicação. Por outro lado, publicar sem revisar gera erros graves.

Teste e descubra a quantidade ideal para seu fluxo, garantindo qualidade antes de publicar.

FERRAMENTAS PARA AGILIZAR REVISÕES

Por fim, algumas ferramentas que facilitam o trabalho de revisores:

- **Grammarly**[38]: Corrige erros de gramática e ortografia instantaneamente.

- **Hemingway**[39]: Avalia a complexidade de leitura e sugere simplificações.

- **Google Docs**[40]: Possui recursos de comentários e controle de alterações integrado.

- **Scribens**[41]: Realiza a correção de português e termos técnicos.

- **Wordtune**[42]: Suaviza frases complexas automaticamente.

- **Quillbot**[43]: Substitui palavras por sinônimos sofisticados.

Invista tempo em revisar, mas use a tecnologia a seu favor para acelerar essa tarefa essencial.

CHEGOU A HORA DE REVISAR SUAS PRÓPRIAS CRIAÇÕES

Chegamos ao final deste capítulo com uma visão completa sobre edição e revisão para elevar seu conteúdo ao próximo nível.

Você viu princípios editoriais, dicas de redação, a importância da revisão humana e ferramentas para agilizar o trabalho.

Agora é sua vez de colocar essas lições em prática e tornar o acabamento e revisão partes indispensáveis do seu processo de criação de conteúdo.

No próximo capítulo, exploraremos estratégias para escolher os melhores tópicos e ângulos para cada tipo de conteúdo do zero.

Espero que você tenha entendido o grande impacto que a edição tem na qualidade percebida pelo público. Dedique-se a revisar seus rascunhos.

Lembre-se: excelência está nos detalhes. Com paciência e técnica, você pode refinar qualquer texto até a perfeição.

ESCOLHENDO TÓPICOS E ÂNGULOS RELEVANTES

Nos capítulos anteriores, você aprendeu sobre edição e revisão para aprimorar a qualidade final de qualquer conteúdo antes da publicação.

Agora chegou o momento de abordar as fases iniciais: como escolher os melhores tópicos e definir ângulos relevantes para explorar em cada novo conteúdo que você for criar.

Acompanhe este capítulo para dominar completamente o processo de concepção de qualquer projeto de conteúdo do zero. Vamos começar?

ENTENDENDO SEU PÚBLICO

Antes de decidir sobre quais temas e abordagens criar conteúdo, é essencial entender profundamente seu público-alvo. A relevância vem de resolver as dores e interesses das pessoas que você quer alcançar.

Portanto, faça pesquisas periódicas com seus leitores para descobrir:

- Principais dúvidas e problemas que enfrentam

- Objetivos que buscam ao consumir seu conteúdo

- Preferências por formatos, extensão, tom de voz

- Tópicos e termos mais buscados em seu site/blog

- O que funciona melhor e pior no seu conteúdo atual

Com essas informações, você pode identificar lacunas e oportunidades para criar conteúdo que realmente interessa seu público.

ALINHANDO COM SUAS METAS DE NEGÓCIO

Porém, atenção: atender às necessidades do público é apenas uma parte da equação. Seu conteúdo também precisa apoiar seus objetivos gerais de marketing e negócio.

Portanto, considere como cada novo conteúdo se alinha a metas como:

- Atrair leads qualificados para o seu funil

- Posicionar sua empresa como autoridade no nicho

- Aumentar tráfego para o site ou redes sociais

- Converter visitantes em leads e clientes

- Aumentar vendas de produtos ou serviços específicos

- Nutrir e reter clientes atuais

Encontrar tópicos na interseção entre interesses do público e suas metas de negócio é o ideal para criar conteúdo vencedor.

ENTENDENDO SUAS PERSONAS

Outra técnica poderosa é definir a persona do comprador, perfis ficcionais que representam seus segmentos de público mais importantes.

Para cada persona, detalhe elementos como:

- Dados demográficos: idade, gênero, localização, profissão etc.

- Personalidade e comportamentos típicos

- Desafios e problemas enfrentados

- Objetivos e motivadores

- Percepções sobre sua marca e produtos

Depois, avalie quais conteúdos seriam mais relevantes e valiosos especificamente para cada persona nos diferentes estados do funil.

Isso ajuda a direcionar seus conteúdos de forma mais personalizada e estratégica.

TENDÊNCIAS DE BUSCA E INTERESSE

Alinhar conteúdo com termos populares de busca também potencializa a descoberta orgânica. Portanto, pesquise periodicamente:

- Palavras-chave mais buscadas em seu nicho

- Perguntas frequentes no Google relacionadas ao seu tema

- Assuntos ganhando volume de buscas recentemente

Ferramentas como **Google Trends**[44], **Keyword Tool**[45], **Keyword Planner** [46]e **Buzzsumo**[47] são excelentes para isso.

Mas atenção: priorize palavras-chave consistentes e com boa intenção de busca, não apenas modismos passageiros.

Os insights dessas ferramentas devem direcionar, não determinar totalmente suas escolhas editoriais. A substância é mais importante que palavras da moda.

ÂNGULOS CRIATIVOS E CONTRASTANTES

Para tópicos já conhecidos, vale investir em ângulos criativos e pouco explorados. Algumas ideias:

- Tratar um tema sério com humor e leveza

- Trazer vozes diversas e marginalizadas

- Fazer conexões entre assuntos não óbvios

- Analisar um fenômeno por uma nova perspectiva

- Ensinar uma habilidade complexa de forma simples

- Desmistificar ou desconstruir ideias feitas sobre algo

Surpreenda, encontre novos recortes, traga representatividade. Isso mantém os temas interessantes.

JORNADA DO USUÁRIO COMO BÚSSOLA

E lembre-se sempre que o conteúdo existe para guiar o usuário em uma jornada que o leve à conversão. Portanto, foque em tópicos que:

- Gerem sensibilização e interesse inicial pelo seu produto ou serviço

- Resolvam as principais dores e objeções durante a consideração

- Facilitem e acelerem a decisão de compra no momento certo

- Aumentem a retenção e satisfação pós-venda

Cada fase exige abordagens e formatos de conteúdo diferentes. Atrair não é o mesmo que nutrir. Sempre considere onde cada persona está no funil.

PRIORIZANDO QUALIDADE SOBRE QUANTIDADE

E falando em formatos, lembre-se que menos é mais. Invista seu tempo criando alguns conteúdos extremamente úteis e bem produzidos, ao invés de tentar produzir dezenas superficiais.

Alguns critérios para priorizar tópicos são:

- Alinhamento com suas metas estratégicas

- Probabilidade de gerar engajamento e conversões

- Lacuna percebida entre oferta e demanda de conteúdo

- Viabilidade de produção considerando prazos e recursos

- Potencial de atingir e impactar muitas pessoas

- Capacidade de ser amplificado via promoção paga

Equilibrando sempre esses aspectos - relevância, impacto potencial, exequibilidade - você gasta seus recursos nos conteúdos que trarão ROI mais concreto.

MANTENDO UMA VISÃO DE LONGO PRAZO

E para finalizar, lembre-se que cultivar uma audiência leal e engajada leva tempo. Seu conteúdo precisa fazer parte da dieta informacional regular de seu público.

Portanto, invista em uma estratégia consistente e de longo prazo, não apenas em táticas de curto prazo. Planeje seus conteúdos com visão editorial, não apenas promocional.

Ao adotar essa mentalidade de meio de comunicação confiável e não apenas vitrine de promoções, seu público consumirá seu conteúdo naturalmente ao longo da jornada.

CHEGOU A HORA DE DEFINIR SEUS PRÓXIMOS GRANDES TEMAS

Chegamos ao final deste capítulo com uma visão completa sobre como avaliar oportunidades e escolher os melhores tópicos e abordagens para cada novo investimento em conteúdo.

Você viu a importância de equilibrar interesses do público, suas metas de negócio, tendências de busca, insights criativos e muito mais durante essa curadoria.

Agora é sua vez de colocar essas lições em prática e tomar decisões editoriais acertadas para criar uma biblioteca de conteúdo verdadeiramente relevante e engajadora.

No próximo capítulo, veremos a importância de títulos cativantes e chamadas de ação eficazes para aumentar o interesse em cada conteúdo.

Espero que você tenha entendido que escolher bons temas e ângulos já INFLUENCIA muito o sucesso final de qualquer conteúdo. Dedique tempo para acertar essa primeira etapa.

Lembre-se: a qualidade supera a quantidade. Invista no planejamento para publicar os conteúdos certos, não apenas mais conteúdo.

ENGAJANDO A AUDIÊNCIA COM TÍTULOS CATIVANTES

Nos capítulos anteriores, você aprendeu a escolher os melhores tópicos e abordagens para criar conteúdo que seu público realmente quer consumir.

Agora é hora de entender como escrever um bom título e chamada para cada conteúdo, a fim de gerar mais cliques, views e engajamento com sua audiência.

Acompanhe este capítulo para dominar a arte dos títulos cativantes. Vamos começar?

POR QUE O TÍTULO É CRUCIAL

Antes de falarmos sobre como criar bons títulos, é importante entender por que eles são tão cruciais para o sucesso de qualquer conteúdo. Alguns motivos-chave:

- O título é o primeiro ponto de contato quando o usuário encontra seu conteúdo.

- Um título fraco pode fazer o usuário nem mesmo clicar e dar uma chance.

- Um título forte gera curiosidade e interesse em saber mais.

- Títulos aparecem em resultados de busca e redes sociais, influenciando cliques.

- Um título memorável ajuda a posicionar você como especialista no assunto.

Dada essa importância, vale investir tempo e criatividade para desenvolver os melhores títulos possível para cada peça de conteúdo.

O QUE FAZ UM TÍTULO EFICAZ

Agora que você sabe da importância do título, o que o faz eficaz? Quais elementos não podem faltar?

Alguns dos principais são:

- Deixar claro de que se trata o conteúdo (tema/foco principal)

- Ser específico e direto, não vago ou genérico

- Evocar emoção ou utilizar um gancho intrigante

- Falar diretamente ao leitor quando possível (Você, Seu)

- Ter palavras-chave relevantes aliadas a termos criativos

- Ser conciso, normalmente entre 60-80 caracteres

- Convocar o leitor à ação (verbo no imperativo)

Vamos explorar algumas técnicas e exemplos para dominar esses elementos.

TIPOS DE TÍTULOS EFICAZES

Existem alguns formatos consagrados de títulos que entregam bem esses elementos:

- Lista:
    "10 dicas para se tornar um líder inspirador"

- Pergunta:
    "Quanto custa vramente criar um app?"

- Imperativo (ordem):
    "Invista em ações logo: guia definitivo para iniciantes"

- Citação:
    "Como diz Sonia Hess, 'sonhos movem o mundo'"

- Choque/Provocação:
    "Especialistas alertam: inteligência artificial vai substituir metade dos empregos em 5 anos"

- Resultado/Benefício:
    "Aprenda a negociar e dobre seu salário em um ano"

Como você pode ver, cabeçalhos mais diretos, com verbos fortes, conversam melhor com o leitor e motivam a ação.

FÓRMULAS CONSAGRADAS

Algumas "fórmulas" classicas para títulos que simplesmente funcionam:

- X motivos para Y

- O guia definitivo de X

- X segredos sobre Y

- Como fazer X em X passos

- O erro fatal que afundou X

- X coisas que você não sabia sobre Y

- As melhores dicas para X

- X perguntas sobre Y respondidas

Onde X é o seu tema ou palavra-chave e Y o recorte ou promessa ao leitor.

Teste combinações criativas dessas estruturas consagradas para criar títulos interessantes.

PALAVRAS PODEROSAS

Alguns exemplos de palavras comumente usadas em títulos cativantes:

- Surpreendente

- Curioso

- Chocante

- Polêmico

- Inesperado

- Extraordinário

- Incrível

- Cômico

- Exclusivo

Essas palavras com carga emocional ajudam a chamar a atenção e gerar interesse pelo conteúdo. Teste usar uma delas no início do título.

NÚMEROS INTRIGANTES

Incluir números também funciona bem, pois causa curiosidade e surpresa:

- 10 livros que Bill Gates acha que todos deveriam ler

- 7 hábitos matinais de CEOs altamente produtivos

- Aprenda inglês em 30 dias com esse método simples

- Estude os 5 melhores investimentos para 2023

Números geram curiosidade e sensação de conteúdo mais concreto. Use-os com sabedoria.

AO LEITOR, SEMPRE

Lembre-se também de falar diretamente com o leitor sempre que possível:

- Você está se hidratando direito? Aprenda agora

- Transforme sua carreira com esse curso online

- Veja seu saldo crescer com essas 5 dicas de investimento

Títulos direcionados ao "você" geram mais engajamento e senso de utilidade prática do conteúdo.

TESTE A/B

Uma boa dica é testar diferentes opções de título para o mesmo conteúdo e ver qual gera mais cliques e engajamento.

Isso pode ser feito manualmente ou com ferramentas de teste A/B integradas a blogs e sites.

Esse aprendizado contínuo por tentativa e erro ajuda você a criar títulos cada vez melhores.

CUIDADO COM CLICKBAITS[48] ENGANOSOS

Por fim, cuidado para não cair na tentação do clickbait, com promessas falsas ou exageradas só para gerar clique.

Isso pode funcionar temporariamente, mas destrói sua credibilidade e confiança com o público.

O ideal é surpreender, mas entregando sempre o que foi prometido.

Já sabe criar títulos poderosos?

Chegamos ao fim deste capítulo com uma visão abrangente sobre títulos cativantes e como eles impactam o sucesso do seu conteúdo.

Você viu por que eles são cruciais, elementos de um bom título, diferentes formatos e fórmulas consagradas, além de palavras e números que potencializam resultados.

Agora é sua vez de colocar essas técnicas em prática e elevar o nível dos seus títulos. Bom conteúdo com título fraco se perde.

No próximo capítulo, veremos outro elemento essencial para gerar engajamento: as chamadas para ação eficazes.

Espero que você tenha entendido o poder que o título tem de amplificar resultados e esteja pronto para aprimorar os seus.

Lembre-se: um título cativante é metade do caminho andado. Invista tempo nesta importante porta de entrada para seu conteúdo.

A INFLUÊNCIA DAS REDES SOCIAIS NO JORNALISMO DE CONTEÚDO

Nos capítulos anteriores, você viu a importância de títulos e chamadas de ação eficazes para aumentar o engajamento com seu conteúdo.

Agora é hora de explorar o impacto das redes sociais no jornalismo e na criação de conteúdo atualmente.

Neste capítulo, você entenderá como adaptar seu conteúdo para melhor performance e engajamento nas plataformas digitais. Vamos nessa?

O ALCANCE DAS REDES SOCIAIS

Primeiro, é importante entender o alcance massivo das redes sociais hoje em dia.

De acordo com o Statista[49], em outubro de 2023, havia 5,3 bilhões de usuários de internet em todo o mundo, o que equivalia a 65,7% da população global. Desse total, 4,95 bilhões, ou 61,4% da população mundial, eram usuários de redes sociais. Ainda de acordo com o Statista[50], o Instagram é uma das principais redes sociais do mundo, com 1,3 bilhão de usuários (em termos de alcance potencial de anúncios). A Índia é o país com mais usuários do Instagram, com 229,55 milhões, seguido pelos Estados Unidos (143,35 milhões), Brasil (113,5 milhões), Indonésia (89,15 milhões) e Turquia (48,65 milhões).

Uma pesquisa feita pela Sortlist[51], estima que o usuário de internet gaste 145 minutos por dia nas mídias sociais. No Brasil, esse tempo é ainda maior. Os usuários passam cerca de 3 horas e 45 minutos por dia nas redes sociais, de acordo com um estudo da Tracto[52].

Fica evidente que as redes se tornaram uma plataforma essencial para distribuição de conteúdo e não podem ser ignoradas.

Além da enorme audiência, outro ponto crucial é a velocidade com que conteúdos virais se espalham nas redes sociais hoje em dia.

Essa facilidade de propagação rápida permite que seu conteúdo ganhe alcance amplo de forma orgânica, caso consiga performar bem nessas plataformas.

CONTROLE E SEGMENTAÇÃO DE PÚBLICO

Outro grande benefício das redes sociais é a capacidade de direcionar e segmentar seu conteúdo para públicos específicos.

Cada rede tem suas particularidades:

- **LinkedIn**[53]: focado em profissionais e mercado B2B.

- **TikTok**[54]: voltado para o entretenimento do público jovem.

- **Instagram**[55]: popular entre nichos de interesse e influenciadores.

- **WhatsApp**[56]: usado para comunicação direta e conexão local.

- **Twitter**[57]: conhecido por notícias em tempo real e debates.

- **Facebook**[58]: a rede social mais popular e abrangente, com diversos recursos como grupos, páginas, eventos, marketplace[59], etc.

- **YouTube**[60]: uma plataforma de vídeos para diversos tipos de conteúdo, como música, educação, humor, etc.

- **Reddit**[61]: um fórum online para discussão de diversos assuntos, organizados em comunidades chamadas subreddits.

- **Pinterest**[62]: uma rede social para compartilhar e descobrir ideias criativas, como artesanato, decoração, moda, etc.

- **Snapchat**[63]: uma rede social para enviar e receber fotos e vídeos que desaparecem após um tempo, com filtros divertidos e efeitos especiais.

Você pode customizar a abordagem nas redes de acordo com cada audiência principal. Isso amplia engajamento.

MONITORAMENTO E RESPOSTA EM TEMPO REAL

As redes sociais também permitem interagir e responder ao público em tempo real. Você pode:

- Saber exatamente quando e onde seu conteúdo está sendo consumido.

- Mensurar rapidamente o que está funcionando ou não.

- Responder dúvidas e obter feedback dos seguidores na hora.

- Acompanhar menções, deixando sua marca próxima.

Esse potencial de monitoramento em tempo real ajuda você a entender melhor seu público e responder rapidamente às suas demandas.

HUMANIZAÇÃO E APROXIMAÇÃO DA MARCA

Outro grande benefício é a capacidade de humanizar sua marca, mostrando o lado mais pessoal de seus integrantes nas redes sociais.

Ao dar voz e imagem para quem está por trás da empresa, suas marcas ficam mais:

- **Simpáticas**: o público conhece as pessoas reais por trás da marca.

- **Acessíveis**: qualquer um pode interagir diretamente pelas redes.

- **Dinâmicas**: as postagens trazem novidades, não são estáticas.

- **Autênticas**: erros e a voz única de cada integrante ficam evidentes.

Isso tudo contribui para uma imagem mais humana e conectada, o que é essencial atualmente.

NOVAS MÉTRICAS E INDICADORES DE SUCESSO

Tradicionalmente, os principais indicadores do jornalismo eram o alcance da distribuição (assinantes, exemplares vendidos) e a receita de anunciantes.

Já nas redes sociais, métricas novas entram em cena, como:

- Número de seguidores, inscritos, membros do grupo

- Taxa de engajamento (curtidas, comentários, compartilhamentos)

- Visualizações e tempo de consumo do conteúdo

- Tráfego e leads originados nas redes sociais

- Sentimento e menções na web (positivo, negativo, neutro)

Portanto, é preciso adaptar os critérios de sucesso e otimizar seu conteúdo considerando esses novos fatores.

NOVAS OPORTUNIDADES E DESAFIOS

Por fim, as redes sociais trouxeram tanto novas oportunidades quanto desafios para o jornalismo moderno.

Alguns dos principais:

- Democratização da informação e pluralidade de vozes

- Rapidez e facilidade de publicação e distribuição

- Maior interação com o público

- Novos formatos: threads, stories, livestreams

<!---->

- Conteúdo raso ou exagerado para viralizar

- Bolhas de informação e câmaras de eco

- Difusão viral também de desinformação

- Dificuldade em monetizar o conteúdo

Cabe aos produtores de conteúdo modernos saberem aproveitar as oportunidades e mitigar os riscos e problemas que surgem nesse novo ambiente.

Está preparado para o futuro do marketing de conteúdo?

Chegamos ao final deste capítulo com uma visão abrangente de como as redes sociais transformaram o jornalismo e a criação de conteúdo hoje em dia.

Você entendeu a enorme audiência das redes, a propagação viral rápida, o potencial de segmentação, o monitoramento em tempo real e muito mais.

Também viu novos desafios trazidos por esse ambiente, que exige uma postura ética sólida.

Agora é sua vez de planejar sua estratégia de conteúdo considerando essas oportunidades e adaptações para um cenário dominado pelas redes.

No próximo capítulo, vamos mergulhar em outra grande tendência do marketing de conteúdo: a otimização de conteúdo para mecanismos de busca, também conhecida como SEO.

Espero que você tenha entendido a importância crucial das redes sociais para o jornalismo e esteja pronto para dominar esse novo campo.

Lembre-se: nosso trabalho como produtores de conteúdo é informar o público. As plataformas podem mudar, mas a essência continua.

SEO E PALAVRAS-CHAVE: O CASAMENTO PERFEITO

Nos capítulos anteriores, abordamos a transformação trazida pelas redes sociais para a criação e distribuição de conteúdo.

Agora é hora de explorar outra tendência crucial do marketing de conteúdo: a otimização de conteúdo para mecanismos de busca, conhecida como SEO.

Neste capítulo, você verá como aliar SEO e palavras-chave para aumentar o alcance e descoberta do seu conteúdo. Mas...

Antes de entrar nas dicas de SEO, é preciso entender como o Google e outros buscadores ranqueiam os resultados na página.

São mais de 200 critérios, que incluem elementos como:

- Palavras-chave no título, URL e texto

- Velocidade de carregamento da página

- Tempo que usuário passa no site (métricas de engajamento)

- Credibilidade e reputação do domínio

- Links recebidos de outros sites relevantes

- Idade do domínio e conteúdo (mais antigo tende a ranquear melhor)

- Uso de multimídia e elementos visuais relevantes

OTIMIZANDO PARA SEUS TERMOS-CHAVE

Um ponto crucial do SEO é escolher os termos-chave certos para otimizar cada conteúdo que você for criar.

Para isso, utilize ferramentas como o Google Keyword Planner e Google Trends para descobrir:

- Quais termos mais buscados em seu nicho

- Que tipo de intenção a busca indica (informação, compra, downloads, etc.)

- O volume de buscas para cada palavra-chave

- O nível de competitividade para ranquear com cada termo

Isso garantirá que você está otimizando para palavras que as pessoas realmente usam no dia a dia.

TÉCNICAS ESSENCIAIS DE SEO

Feita a seleção de termos-chave, aplique estas técnicas para otimizar cada conteúdo:

- Use a palavra-chave no título e na URL

- Mencione a palavra algumas vezes no texto de forma orgânica

- Destaque a palavra em negrito ou itálico

- Inclua sinônimos e variações da palavra-chave no conteúdo

- Use tags HTML como H1 e H2 com os termos visados

- Publique imagens e vídeos bem otimizados com textos alternativos

- Aproveite ao máximo espaços como descrição do site para incluir os termos-chave

Quando bem aplicadas em volume relevante, essas técnicas aumentam bastante o ranqueamento dos conteúdos.

AUTORIDADE TAMBÉM CONTA MUITO

Lembre-se também que a autoridade do site influencia fortemente seus ranqueamentos. Por isso, algumas boas práticas são:

- Publique conteúdos extensos e aprofundados, com informações únicas e exclusivas

- Obtenha links de sites relevantes apontando para seus conteúdos

- Invista em design profissional e uma experiência agradável para o usuário

- Tenha muitos conteúdos focados em palavras-chave de nicho

Quanto mais você prova expertise em um tema, melhores posições seu conteúdo alcança com o tempo. Autoridade se constrói conteúdo a conteúdo.

MONITORE E TESTE CONSTANTEMENTE

E não se esqueça de acompanhar métricas como posição de rankings, tráfego de fontes orgânicas e uso de palavra-chave mensalmente.

Ferramentas como Google Analytics[64], SEMRush[65] e Search Console[66] são valiosas para isso.

Testes A/B também ajudam a entender qual combinação de título, meta descrição e conteúdo funciona melhor para cada palavra-chave.

O SEO, bem aplicado, é um grande aliado para tornar seu conteúdo encontrável e relevante nos mecanismos de busca. **Não o negligencie**.

Tudo pronto para começar a criar conteúdo otimizado?

Chegamos ao final deste capítulo com uma visão geral muito sólida de como aplicar SEO junto ao seu conteúdo para maximizar a descoberta orgânica.

Você viu a importância de ranquear bem hoje em dia, os principais fatores que o Google considera e diversas técnicas essenciais de otimização de conteúdo.

Agora é sua vez de colocar esse aprendizado em prática e começar a criar conteúdo otimizado e estratégico, ranqueando para seus principais termos-chave.

No próximo capítulo, veremos como mensurar e rastrear resultados para provar o ROI do marketing de conteúdo.

Espero que você tenha entendido o "casamento perfeito" entre conteúdo de qualidade e SEO. Juntos, eles se potencializam para levar seu conteúdo a mais pessoas.

Lembre-se: seu conteúdo precisa ser encontrado para cumprir seus objetivos. Inclua SEO no planejamento.

MENSURANDO O IMPACTO E O SUCESSO DO CONTEÚDO

Nos capítulos anteriores, abordamos a importância das redes sociais e do SEO para impulsionar o alcance do conteúdo nos mecanismos de busca.

Agora é hora de entender como mensurar o impacto da sua estratégia de conteúdo e definir o que é realmente sucesso nesse contexto.

Neste capítulo, você verá métricas, KPIs[67] e ferramentas para rastrear resultados e otimizar seu conteúdo. Vamos nessa?

POR QUE MEDIR IMPORTA?

Antes de falarmos sobre como mensurar, é preciso entender por que isso é tão importante para o marketing de conteúdo hoje em dia.

Alguns motivos cruciais:

- Saber o que funciona para potencializar essas iniciativas e cortar o que não gera valor.

- Entender como seus buyers personas respondem a cada formato e canal.

- Identificar gargalos no funil para otimizar e aumentar conversões.

- Comparar o desempenho entre diferentes campanhas e períodos.

- Justificar o investimento em conteúdo com dados concretos para a liderança.

- Dar insights objetivos para tomada de decisão com base em fatos, não apenas opiniões.

Fica evidente que medir resultados é fundamental para provar, otimizar e expandir sua estratégia de conteúdo.

PRINCIPAIS MÉTRICAS E KPIS

Agora que você sabe da importância de mensurar, quais são os principais indicadores e métricas a serem monitorados?

Alguns dos mais importantes:

- **Alcance total** - visualizações, impressões

- **Engajamento** - cliques, comentários, compartilhamentos, inscrições

- **Tráfego** - total de visitas, visitantes únicos, páginas/sessão

- **Conversões** - leads, vendas geradas, downloads, inscrições

- **Sentimento** - % de menções positivas, negativas e neutras

- **Ranking** - posição nas buscas para seus termos-chave

- **ROI** - lucro gerado pelos leads/vendas resultantes do conteúdo

O ideal é combinar métricas de exposição, engajamento, conversões e ROI para ter uma visão completa.

FERRAMENTAS DE ANÁLISE ESSENCIAIS

E quais são as principais ferramentas para coletar e analisar essas métricas de conteúdo?

Algumas das mais utilizadas:

- **Google Analytics**[68]- dados completos de tráfego, comportamento, conversões

- **Google Search Console**[69]- dados de ranqueamento e performance em busca

- **Buzzsumo**[70] - performance de conteúdo por rede social e engajamento

- **Facebook Insights** [71]- métricas para páginas e posts no Facebook

- **Twitter Analytics** [72]- dados de engajamento no Twitter

- Google Data Studio [73]- consolidação de dados de várias fontes em dashboards

Integrar essas ferramentas para ter uma visão unificada dos dados é o ideal para tomar decisões bem embasadas.

O SUCESSO NÃO VEM DO NADA

Lembre-se também que resultados expressivos levam tempo e consistência. Não é porque um post viralizou que seu conteúdo como um todo está indo bem.

Alguns **benchmarks**[74] razoáveis são:

- 6 a 12 meses para começar a ganhar tração orgânica

- 10 a 20 posts para começar a ranquear em algumas buscas

- 200 a 300 inscritos na lista para cada 1000 visitantes

Tenha persistência e analise tendências ao longo do tempo, não apenas dados isolados. Resultados sustentáveis levam trabalho.

O SUCESSO DEPENDE DOS SEUS OBJETIVOS

E falando em resultados, lembre-se de que o sucesso só pode ser medido em relação aos objetivos originalmente traçados.

Algumas perguntas fundamentais:

- O conteúdo está atraindo seu público-alvo?

- Ele está gerando leads qualificados para o funil?

- Os leads estão virando clientes depois de consumir seu conteúdo?

- O ROI do conteúdo é positivo considerando custos de criação/distribuição?

- O posicionamento da sua marca melhorou na mente do

público?

Qualquer métrica só faz sentido se comparada aos KPIs e objetivos específicos traçados anteriormente para aquele programa de conteúdo.

Comece medindo o que importa hoje mesmo

Chegamos ao final deste capítulo com uma visão muito sólida de por que e como mensurar o impacto e o sucesso da sua estratégia de conteúdo de forma efetiva.

Você viu a importância de estabelecer objetivos claros e escolher métricas-chave alinhadas para coletar os dados certos e tirar insights de valor do seu conteúdo.

Agora é hora de colocar essas lições em prática e começar a medir o que realmente importa, tomando decisões com base nos dados coletados.

No próximo capítulo, falaremos sobre planejamento e organização para ter uma estratégia de conteúdo consistente e sustentável a longo prazo.

Espero que você tenha entendido o valor crucial de mensurar para provar o ROI e otimizar continuamente seus esforços de marketing de conteúdo. O que não é medido não pode ser gerenciado.

Lembre-se: dados bem usados trazem insights. Defina seus KPIs e métricas-chave para extrair o máximo de seu conteúdo.

PLANEJAMENTO DE CONTEÚDO A LONGO PRAZO

Nos capítulos anteriores, você viu a importância de mensurar resultados para extrair insights e otimizar sua estratégia de conteúdo.

Chegou o momento de explorar como planejar e organizar a criação de conteúdo de forma consistente no longo prazo.

Neste capítulo, você verá ferramentas, práticas e princípios para construir um ecossistema de conteúdo sólido e sustentável. Vamos nessa?

POR QUE PLANEJAR É CRUCIAL?

Antes de falarmos sobre como planejar, é preciso entender por que esse processo é tão fundamental para o sucesso no marketing de conteúdo.

Alguns motivos principais:

- Garante constância, com novos conteúdos sendo publicados periodicamente.

- Maximiza os recursos disponíveis, com produção alinhada às prioridades.

- Permite visualizar lacunas de conteúdo e oportunidades no macro.

- Facilita a execução, com conteúdos prontos para ir ao ar.

- Garante agilidade para adaptações com base em dados e insights.

- Alinha times e colaboradores em um propósito comum.

Planejamento estratégico é a chave para construir um ecossistema rico e sustentável de conteúdo.

BASEANDO SEU PLANO EM INSIGHTS

Lembre-se que seu plano editorial deve ser guiado por insights do seu público, não por palpites.

Algumas fontes fundamentais:

- Dados de produtos e serviços mais vendidos/utilizados

- Insights das equipes de venda e atendimento

- Pesquisas e feedback coletados com clientes

- Opiniões e avaliações online de usuários

- Métricas de conteúdo e análise de tráfego do site

- Tendências de busca e assuntos em alta no nicho

Quanto mais dados você tem sobre seus buyers personas, melhor para criar um plano alinhado às necessidades deles.

FERRAMENTAS PARA FACILITAR O PLANEJAMENTO

Existem diversas ferramentas online que podem facilitar o planejamento e organização de conteúdos:

- **Trello**[75] - organiza em quadros seu cronograma e workflow.

- **Asana**[76] - gerencia projetos com tarefas, prazos e responsáveis.

- **Google Docs**[77]- documento colaborativo para brainstorm e construção coletiva de ideias.

- **Google Sheets**[78]- planilhas online para organizar calendários editoriais.

- **Excel**[79]- opção offline para quem prefere uma planilha robusta.

- **Canva**[80]- cria visualmente seu cronograma com posts e artes prontos.

Encontre as ferramentas que funcionam para seu time e fluxo de trabalho para facilitar esse planejamento.

TIPO DE CONTEÚDO X ETAPA DO FUNIL

Lembre-se também de alinhar o plano aos objetivos comerciais, criando conteúdos específicos para cada etapa:

- **Topo do funil:** conteúdos que geram sensibilização como posts nas redes sociais, ebooks introdutórios etc.

- **Meio do funil:** nutritivo com materiais que educam, como guias, estudos de caso, demonstrações etc.

- **Final do funil**: conteúdos que motivam a ação, como webinars, white papers, free trials etc.

- **Pós-venda**: atendimento, treinamentos, upselling com conteúdo para clientes.

Seu plano deve ter uma boa combinação de conteúdos para mover leads por todas as fases até a compra.

CONSISTÊNCIA É FUNDAMENTAL

Lembre-se também que consistência é fundamental. Ter novos conteúdos indo ao ar em uma frequência constante:

- Gera tráfego e audiência qualificada recorrente.

- Contribui para ranqueamento ao adicionar páginas regularmente.

- Cria o hábito e relevância para que seu público retorne.

Planeje sempre a próxima leva de conteúdos antes mesmo de publicar os atuais para manter o momentum.

CALENDÁRIOS EDITORIAIS FACILITAM

Um recurso muito útil para planejamento consistente são os calendários editoriais com os conteúdos mapeados antecipadamente:

- Facilita visualizar o funil e quais etapas demandam mais

conteúdo.

- Permite preparação prévia e trabalho paralelo em várias frentes.

- Promove alinhamento, com toda equipe ciente do que será publicado.

- Cria consistência na distribuição dos formatos ao longo do tempo.

O calendário editorial é uma ferramenta poderosa para produção sustentada de conteúdo de qualidade.

CONTEÚDOS EVERGREEN PARA ALÉM DO MOMENTO

Dentro do planejamento, foque não apenas em conteúdos associados ao momento presente, mas também em materiais evergreen, que seguem gerando valor no longo prazo.

Alguns exemplos de conteúdos evergreen:

- Tutoriais passo a passo

- Listas dos melhores X

- Comparação entre opções populares

- Séries sobre fundamentos de uma área

- Estudos de caso atemporais

- Reflexões profundas sobre um tema

Esses conteúdos de "prateleira" ajudam você a construir uma biblioteca rica e um acervo que segue atraindo leads.

ADAPTE SEU PLANO CONSTANTEMENTE

Lembre-se que seu planejamento não é algo fixo e imutável. Acompanhe métricas, tendências e insights do público para adaptar seu calendário regularmente.

Algumas ocasiões que demandam adaptações:

- Mudanças na demanda e interesses do público

- Lançamento de novos produtos ou funcionalidades

- Saída ou entrada de colaboradores importantes

- Novas oportunidades como parcerias ou eventos

- Performance abaixo do esperado de algum formato ou canal

Planejamento sólido é fundamental, mas flexibilidade também é chave para otimizar esforços.

Pronto para começar a planejar seus conteúdos?

Chegamos ao fim deste capítulo com uma visão completa sobre planejamento, organização e princípios para ter uma estratégia sólida de conteúdo.

Você entendeu por que o planejamento é crucial, viu diferentes ferramentas que facilitam o processo e técnicas para construir um ecossistema rico e sustentável de conteúdo.

Agora é sua vez de colocar esse aprendizado em ação e começar a delinear seu próprio planejamento estratégico de conteúdo para o ano todo.

No próximo capítulo, falaremos sobre distribuição eficiente para levar seu conteúdo ao maior alcance possível.

Espero que você tenha compreendido que um bom plano editorial é o alicerce de qualquer estratégia forte de conteúdo. Dedique tempo para isso.

Lembre-se: conteúdo consistente constrói autoridade. Com um plano sólido, você produz de forma estratégica e sustentada.

ESTRATÉGIAS DE DISTRIBUIÇÃO DE CONTEÚDO

Nos capítulos anteriores, você viu a importância do planejamento para manter uma estratégia de conteúdo consistente e sustentável.

Agora é hora de explorar o próximo passo: como distribuir e amplificar seu conteúdo de forma eficiente para alcançar o maior público possível.

Neste capítulo, veremos canais, plataformas, técnicas e boas práticas para maximizar o alcance e o impacto do seu conteúdo. Vamos nessa?

POR QUE A DISTRIBUIÇÃO IMPORTA?

Antes de falarmos sobre canais e estratégias, é preciso entender por que a distribuição faz toda a diferença para o sucesso do seu conteúdo.

Alguns motivos principais:

- Conteúdo bem distribuído alcança mais pessoas.

- Amplifica dividendos do investimento já feito na criação.

- Permite testar canais e priorizar os de melhor performance.

- Gera avidez e senso de exclusividade com conteúdo reservado para assinantes.

- Valoriza outros veículos que compartilharem seu conteúdo.

Uma boa estratégia de distribuição potencializa o alcance, engajamento e ROI do seu conteúdo.

ONDE SEU PÚBLICO ESTÁ?

Antes de definir onde distribuir, mapeie onde seu público-alvo realmente está consumindo conteúdo:

- Plataformas sociais: Instagram, YouTube, LinkedIn, TikTok?

- Fóruns e comunidades do segmento.

- Podcasts e outros canais populares do nicho.

- Plataformas profissionais como SlideShare e Medium.

- Marketplaces relevantes: Amazon, Etsy, AppStore etc.

Distribua principalmente nos canais frequentados por seu público para otimizar esforços.

O PODER DOS PRÓPRIOS CANAIS

Lembre-se também de tirar o máximo proveito dos seus próprios canais antes de buscar amplificação externa.

Algumas opções são:

- Email marketing para base de inscritos e leads.

- Pop-ups e notificações push no seu site.

- Destaque em capa e seções estratégicas do seu site.

- Facebook e Instagram Ads alavancando conteúdo que performa.

- Impulsionamento orgânico nas redes promovendo posts de alta qualidade.

Foque em extrair o máximo dos seus ativos antes de buscar canais terceirizados. Assim você controla melhor a experiência do usuário.

A IMPORTÂNCIA DAS RELAÇÕES PÚBLICAS

Outra avenida poderosa de distribuição de conteúdo que não pode ser negligenciada são as relações públicas tradicionais.

Algumas iniciativas interessantes que você pode buscar:

- Assessoria de imprensa para promover releases sobre seu conteúdo para a mídia.

- Contato direto com jornalistas e veículos do seu nicho

apresentando insights exclusivos.

- Contribuições de artigos ou comentários como especialista para veículos relevantes.

- Entrevistas em podcasts, lives e outras plataformas de terceiros que somem autoridade.

- Parcerias promocionais com players importantes do seu segmento.

ANALISE OS PRÓXIMOS PASSOS DEPOIS DA DISTRIBUIÇÃO

Outro aspecto importante é olhar além da distribuição e já planejar o que fazer depois para gerar novos leads e vendas.

Algumas opções para maximizar cada nova distribuição:

- Link direto para sua homepage ou página de venda.

- Formulário para captura de dados e emails.

- Oferta limitada no tempo para capitalizar interesse em alta.

- Sequência de e-mails automatizada para nutrir leads.

- Anúncios patrocinados para remarketing.

Seu conteúdo precisa ser uma rampa para próximas interações e não um fim em si mesmo. Planeje com antecedência.

EVITE SATURAÇÃO NAS MESMAS REDES

Lembre-se também que deve haver equilíbrio entre consistência e saturação.

Alguns cuidados importantes:

- Não poste o mesmo conteúdo em todas as redes ao mesmo tempo. Espalhe ao longo da semana.

- Dê tempo para curtir e obter engajamento antes de distribuir muito mais.

- Varie os formatos, não apenas o link do post. Trechos em imagem, citações, status etc.

Saturar suas próprias redes e seguidores vai gerar fadiga e reduzir o alcance. Encontre a frequência ideal.

MANTENHA SEUS DADOS SEGUROS

E por fim, nunca se esqueça da segurança dos dados dos seus usuários e inscritos ao distribuir conteúdo em múltiplos canais.

Algumas boas práticas:

- Integre com sistemas de email marketing e CRM para manter controle dos dados.

- Oriente as pessoas a se inscreverem em seu site, não apenas nas redes.

- Tenha políticas de privacidade bem claras e atualizadas.

- Não compartilhe listas de contato diretamente, use sistemas seguros.

- Treine sua equipe sobre leis de proteção de dados como LGPD, CCPA, etc.

Proteger informações confidenciais deve ser prioridade máxima em qualquer estratégia de distribuição.

Pronto para distribuir seu conteúdo de forma ampla?

Chegamos ao final deste capítulo com uma visão completa sobre distribuição eficiente de conteúdo para maximizar resultados.

Você viu a importância de mapear os seus públicos, alavancar seus próprios canais, buscar oportunidades de relações públicas e muito mais.

Agora é sua vez de colocar essas estratégias em prática e levar seu conteúdo ao maior alcance possível, convertendo o máximo de leads.

No próximo capítulo, faremos uma conclusão geral resumindo as principais lições e insights deste livro.

Espero que você tenha entendido o potencial que uma distribuição multicanal tem para amplificar exponencialmente os resultados do seu conteúdo.

Lembre-se: seu conteúdo precisa ser visto para gerar impacto. Invista tempo em distribuição.

CONSIDERAÇÕES FINAIS

Chegamos ao capítulo final deste livro com uma jornada abrangente sobre como aplicar técnicas de jornalismo no marketing de conteúdo.

Ao longo dos capítulos, você viu lições e insights práticos para dominar todas as etapas da criação de conteúdo, da concepção à distribuição.

Vimos a importância de entender a fundo seu público-alvo, definir bons temas e ângulos criativos, desenvolver narrativas envolventes, conduzir entrevistas ricas, checar fatos e dados, planejar de forma estratégica e muito mais.

Você também aprendeu sobre tendências do jornalismo moderno como a ascensão das redes sociais, a importância do SEO e os novos desafios trazidos pelo ambiente digital.

Exploramos todos os elementos que permitem a você, produtor de conteúdo, criar materiais informativos e cativantes, que geram valor real para seu público e apoiam os objetivos do seu negócio.

Espero que você tenha aproveitado bem todas as sugestões práticas ao longo do caminho. Mais do que simples teoria, este livro buscou dar exemplos concretos de como aplicar cada princípio.

Agora é sua vez de colocar este aprendizado em ação e elevar o seu conteúdo a um novo patamar. Confio que você sai desta leitura muito mais preparado para planejar, pesquisar, escrever, revisar, promover e distribuir conteúdo vencedor.

Lembre-se sempre que produzir conteúdo que importa requer uma combinação poderosa de técnica jornalística e estratégia de marketing. E você agora domina essas duas áreas.

Portanto, não perca mais tempo. Comece já a criar seu próximo conteúdo tendo em mente tudo que aprendeu nessas páginas.

Planeje com antecedência, apure informações, construa narrativas envolventes, cuide da edição, invista em títulos eficazes, mensure resultados e distribua amplamente.

Colocando em prática as técnicas ensinadas aqui, tenho certeza que você verá seus leads, vendas e autoridade crescerem gradativamente ao longo do tempo.

O marketing de conteúdo, quando feito com maestria e consistência, entrega resultados concretos como nenhuma outra estratégia de inbound marketing.

Portanto, cabe a você agora aproveitar esse potencial. Vá em frente e informe, eduque, entretenha e conquiste seu público-alvo com a sua melhor versão de jornalismo para marketing.

Muito obrigado por ter me acompanhado nesta jornada até aqui. Espero que este livro inspire você a elevar seu conteúdo a novos patamares de qualidade e excelência. Conto com você para espalhar ainda mais essas técnicas e transformar positivamente nosso mundo digital.

Um grande abraço e muito sucesso!

SUGESTÃO DE LEITURA

ASSAD, Nancy.
Marketing de conteúdo: como fazer sua empresa decolar nos meios digitais.

BACKLINKO.
On Page SEO: The Definitive Guide.

BOUNEGRU, Liliana et al.
The Data Journalism Handbook 2: Towards a Critical Data Practice.

BUSSAB, Wilton de O.; MORETTIN, Pedro.
Estatística básica.

CAIRO, Alberto.
How charts lie: getting smarter about visual information.

CANAVILHAS, João.
Webjornalismo: 7 características que marcam a diferença.

CONTENT MARKETING INSTITUTE.
B2B Content Marketing Benchmarks, Budgets and Trends.

DAVIS, Denise.
Get to the Point! Sharpen Your Message and Make Your Words Matter.

GROBEL, Lawrence.
The art of the interview: lessons from a master of the craft.

EINSOHN, Amy.
The Copyeditor's Handbook: A Guide for Book Publishing and Corporate Communications.

FISHKIN, Rand; HØGENHAVEN, Thomas.
Inbound Marketing and SEO: Insights from the Moz Blog.

GILAD, Suzanne.
Copyediting and Proofreading For Dummies.

GOMES, Wilson.

Jornalismo, fatos e interesses: ensaios de teoria do jornalismo.

GRAY, Jonathan; CHAMBERS, Lucy; BOUNEGRU, Liliana.
The data journalism handbook: how journalists can use data to improve the news.

HALVORSON, Kristina; RACH, Melissa.
Content Strategy for the Web.

HERMIDA, Alfred.
Tell Everyone: Why We Share and Why It Matters.

HOUSTON, Brant.
The investigative reporter's handbook: a guide to documents, databases and techniques.

JUDD, Karen.
Copyediting: a practical guide.

KAUSHIK, Avinash.
Web analytics 2.0: the art of online accountability and science of customer centricity.

KOTLER, P.; KARTAJAYA, H.; SETIAWAN, I.
Marketing 4.0: do tradicional ao digital.

KRUG, Steve.
Don't Make Me Think, Revisited: A Common Sense Approach to Web Usability.

LAGE, Nilson.
Teoria e técnica de reportagem, entrevista e pesquisa jornalística.

LIEB, Rebecca.
Content Chemistry: The Illustrated Handbook for Content Marketing.

PULIZZI, Joe.
Epic Content Marketing: How to Tell a Different Story, Break through the Clutter, and Win More Customers by Marketing Less.

PULIZZI, Joe; BARRET, Newt.
Get content get customers: turn prospects into buyers with content marketing.

REED, James.
101 Interview Questions You'll Never Fear Again.

RENÓ, Denis; FLORES, Jesús.
Periodismo transmedia: miradas múltiples.

ROCKLEY, Ann; COOPER, Charles.
Managing Enterprise Content: A Unified Content Strategy.

ROSE, Robert; PULIZZI, Joe.
Killing Marketing: How Innovative Businesses Are Turning Marketing Cost Into Profit.

ROSE, Robert; PULIZZI, Joe.
Managing Content Marketing: The Real-World Guide for Creating Passionate Subscribers to Your Brand.

SIMMONDS, Ross.
The Content Distribution Playbook.

SOUZA, Alceu et al.
Acurácia e precisão: revendo os conceitos de forma acurada.

TRAQUINA, Nelson.
Teorias do jornalismo: porque as notícias são como são.

WEINBERG, Tamar.
The new community rules: marketing on the social web.

Ao virarmos a última página desta jornada juntos, espero sinceramente que os aprendizados compartilhados aqui tenham tocado seu coração e despertado novas perspectivas. Se este livro lhe trouxe algum valor, peço gentilmente que dedique alguns momentos para deixar sua avaliação na Amazon. Suas palavras não apenas me ajudam a crescer e aprimorar minha arte, mas também guiam outros leitores em suas buscas por conhecimento e inspiração. Sua opinião é um presente valioso, tanto para mim quanto para a comunidade de leitores em busca de histórias que transformam. Agradeço de coração por compartilhar esta jornada comigo e espero que possamos nos encontrar novamente nas páginas de uma nova aventura.

REGINALDO OSNILDO

Olá, sou Reginaldo Osnildo, autor e inovador nas áreas de vendas, tecnologia, e estratégias de comunicação. Minha experiência abrange desde o ambiente acadêmico, como professor e pesquisador na Universidade do Sul de Santa Catarina, até a prática como estrategista no Grupo Catarinense de Rádios. Com um doutorado em narrativas de vendas e convergência digital, e um mestrado em storytelling e imaginário social, eu trago para meus leitores uma fusão única entre teoria e prática. Meu objetivo é fornecer conhecimento em uma linguagem simples, prática e didática, incentivando a aplicação direta na vida pessoal e profissional.

Atenciosamente

Prof. Dr. Reginaldo Osnildo

+55 48 991913865

reginaldoosnildo@gmail.com

---

[1] **Marketing de conteúdo** refere-se à estratégia de criar, publicar e distribuir conteúdo relevante, valioso e consistente para atrair e reter um público-alvo claramente definido. A produção de conteúdo jornalístico de qualidade, como artigos, notícias, análises e reportagens, pode ser uma ferramenta poderosa para engajar audiências, construir confiança e autoridade, além de educar e entreter o público. A habilidade jornalística de contar histórias de forma envolvente e informativa pode ser utilizada para criar um conteúdo que não apenas promova produtos ou serviços, mas que também ofereça valor genuíno ao público, estabelecendo uma conexão mais profunda e duradoura.

[2] **SEO**, ou Search Engine Optimization, refere-se ao conjunto de estratégias e técnicas aplicadas para otimizar um conteúdo, a fim de melhorar sua visibilidade nos resultados dos mecanismos de busca, como o Google. Técnicas jornalísticas voltadas para o marketing de conteúdo muitas vezes se beneficiam de práticas de SEO para garantir que o conteúdo seja facilmente encontrado pelos usuários quando eles pesquisam sobre determinados tópicos. Isso envolve a escolha criteriosa de palavras-chave relevantes, otimização de títulos, meta descrições e estruturação do conteúdo para atender aos algoritmos dos mecanismos de busca, proporcionando mais alcance e visibilidade para as peças jornalísticas produzidas para o marketing de conteúdo.

[3] **Phygital** é um termo que combina "físico" e "digital", referindo-se à integração ou fusão de experiências físicas e digitais. No contexto do marketing de conteúdo, o conceito de "phygital" pode ser aplicado para criar estratégias que unem o mundo físico e o digital. Por exemplo, um jornalismo de conteúdo que integra elementos físicos, como eventos ou revistas impressas, com componentes digitais, como conteúdo online ou interações em redes sociais, buscando uma experiência unificada para o público-alvo. Isso pode envolver a criação de conteúdo jornalístico que não apenas seja consumido online, mas que também promova eventos físicos ou produtos tangíveis, criando uma experiência abrangente e engajadora para o consumidor.

[4] **Leads** são potenciais clientes que demonstraram interesse em produtos ou serviços de uma empresa. No contexto do marketing de conteúdo, técnicas jornalísticas têm o poder de atrair leads ao oferecerem conteúdo valioso e

relevante para a audiência. Quando um leitor acessa um artigo, assiste a um vídeo ou interage com qualquer forma de conteúdo jornalístico criado com foco no marketing, e expressa interesse fornecendo informações de contato, como e-mail ou preenchendo um formulário, ele se torna um lead. A utilização de técnicas jornalísticas eficazes para produzir conteúdo atraente e informativo é fundamental para gerar leads de qualidade, que posteriormente podem ser nutridos e convertidos em clientes.

[5] **ROI**, ou Retorno Sobre Investimento, é uma métrica que avalia a eficácia e o sucesso de investimentos, comparando o ganho obtido com o custo do investimento. No contexto do marketing de conteúdo, entender o ROI é crucial para avaliar o desempenho das estratégias jornalísticas aplicadas. Isso implica analisar o impacto do conteúdo produzido, medindo o quanto ele contribuiu para os objetivos de marketing da empresa, seja gerando leads, aumentando as vendas ou fortalecendo o reconhecimento da marca. A mensuração do ROI ajuda a determinar quais estratégias e tipos de conteúdo jornalístico são mais eficazes, permitindo ajustes e otimizações para maximizar o retorno sobre o investimento feito na criação desse material.

[6] **Você pode saber mais sobre a Moz acessando esse link**: https://www.safalta.com/online-digital-marketing/projects-case-studies/case-study-how-moz-overcame-challenges-to-build-a-content-marketing-strategy

[7] **Você pode acessar *O guia definitivo para planejamento de conteúdo* da Moz com esse link**: https://moz.com/blog/the-ultimate-guide-to-content-planning

[8] **Os millennials** são a geração nascida aproximadamente entre o início da década de 1980 e meados da década de 1990. No contexto do marketing de conteúdo e das técnicas jornalísticas para impulsionar esse campo, os millennials representam uma parte significativa do público-alvo. São conhecidos por terem um forte apetite por conteúdo digital, consomem notícias e informações por meio de plataformas online e sociais. As estratégias jornalísticas para o marketing de conteúdo muitas vezes se concentram em atrair essa geração, adaptando o formato e o tom do conteúdo para atender às suas preferências, como conteúdo visual, mensagens autênticas e engajamento interativo. Compreender os interesses, valores e comportamentos dos millennials é essencial na produção de conteúdo jornalístico para alcançar e envolver essa audiência.

[9] **Buzz** refere-se à excitação ou interesse gerado em torno de algo, seja um produto, evento, ideia ou tendência. No contexto do marketing de conteúdo, técnicas jornalísticas bem aplicadas podem criar um "buzz" em torno de um tema específico. Isso ocorre quando o conteúdo produzido desperta curiosidade, engajamento e discussões entre o público-alvo, levando a um aumento significativo na visibilidade e na propagação desse conteúdo. A capacidade do jornalismo de criar narrativas envolventes e relevantes, que despertem o interesse e estimulem o compartilhamento, contribui para gerar esse "buzz" em torno de um tópico, produto ou serviço, impulsionando a consciência e o alcance do marketing de conteúdo.

[10] **Hashtags** são palavras ou frases precedidas pelo símbolo "#" (conhecido como "jogo da velha"), usadas nas redes sociais para categorizar conteúdo e torná-lo facilmente encontrável por outros usuários interessados no mesmo tema. No contexto do marketing de conteúdo e das técnicas jornalísticas, o uso estratégico de hashtags pode amplificar a visibilidade do conteúdo. Ao adicionar hashtags relevantes a artigos, posts ou materiais de notícias, os criadores de conteúdo facilitam a descoberta desse material por pessoas interessadas no assunto. Isso ajuda a ampliar o alcance do conteúdo e a conectar o público-alvo, especialmente nas redes sociais, onde as hashtags são utilizadas como um mecanismo de organização e descoberta de conteúdo.

[11] **Feedback** é a resposta, avaliação ou opinião oferecida sobre um produto, serviço ou desempenho. No contexto do marketing de conteúdo e das técnicas jornalísticas, o feedback desempenha um papel crucial. Após a publicação de conteúdo jornalístico para marketing, receber feedback dos leitores ou espectadores é essencial para entender a eficácia do material. Esse retorno permite ajustar e aprimorar futuros conteúdos, adaptando-se às preferências e interesses do público, melhorando a qualidade e a relevância do que é oferecido. O feedback pode vir de comentários, compartilhamentos, métricas de engajamento (como tempo gasto na página, taxas de cliques) e até mesmo pesquisas diretas aos consumidores, fornecendo informações valiosas para aprimorar e otimizar as estratégias de conteúdo jornalístico voltadas para o marketing.

[12] Você pode saber mais sobre a campanha nesse link: https://www.shiftcomm.com/insights/big-mac-atm-case-study-going-viral/

[13] Você pode acompanhar os estudos de caso nesse link: https://contently.com/case-studies/

[14] Você pode acessar o YouTube da Marie Forleo nesse link: https://www.youtube.com/@marieforleo

[15] Você pode acessar o blog do Neil Patel nesse link: https://neilpatel.com/

[16] Você pode acessar os dados nesse link: https://ahrefs.com/blog/content-marketing-statistics/

[17] **As buyer personas** são representações fictícias e detalhadas do cliente ideal de uma empresa. Elas são criadas com base em dados demográficos, comportamentais e psicográficos, e têm como objetivo ajudar as equipes de marketing a compreenderem melhor seu público-alvo. No contexto do marketing de conteúdo e das técnicas jornalísticas, a criação de conteúdo direcionado às "buyer personas" é fundamental. O jornalismo voltado para o marketing de conteúdo pode ser moldado para atender às necessidades, interesses e desafios específicos das personas, garantindo que o conteúdo seja relevante e envolvente para o público-alvo desejado. Ao compreender as "buyer personas", os criadores de conteúdo podem adaptar as abordagens jornalísticas para atingir efetivamente as necessidades e expectativas do cliente ideal.

[18] **Calls to Action (CTAs)** são elementos estratégicos em um conteúdo que incentivam os leitores, espectadores ou ouvintes a realizar uma ação específica. No contexto do marketing de conteúdo e das técnicas jornalísticas, CTAs são fundamentais para direcionar o engajamento do público em direção aos objetivos desejados. Essas chamadas para ação podem variar desde a solicitação de compartilhamento do conteúdo nas redes sociais, assinatura de newsletters, até a participação em pesquisas ou a conversão em clientes por meio de links para produtos ou serviços. No jornalismo de conteúdo para marketing, a inclusão estratégica de CTAs pode guiar o leitor para a próxima etapa desejada, seja para explorar mais conteúdo, interagir nas redes sociais, ou até mesmo converter em um lead ou cliente. O uso eficaz de CTAs ajuda a otimizar a jornada do usuário, direcionando o público-alvo para ações específicas que contribuem para os objetivos gerais de marketing.

[19] **Storytelling**, ou a arte de contar histórias, é uma técnica poderosa. Envolve a criação e narração de narrativas envolventes para comunicar mensagens de forma memorável e impactante. Ao incorporar técnicas de storytelling no marketing de conteúdo, os profissionais podem transformar informações secas em narrativas cativantes. Isso não apenas mantém o interesse do público, mas também cria uma conexão emocional. Narrativas bem construídas podem destacar a autenticidade da marca, transmitir valores, resolver problemas do público e, ao mesmo tempo, entreter e educar. O storytelling no marketing de conteúdo permite que as histórias se tornem uma ponte entre a mensagem da marca e a experiência do consumidor. Incorporar elementos narrativos nas peças jornalísticas pode aumentar a eficácia do conteúdo, tornando-o mais memorável e impactante para a audiência-alvo.

[20] **Churn** refere-se à taxa de rotatividade de clientes, ou seja, a taxa na qual os clientes deixam de utilizar os produtos ou serviços de uma empresa em um determinado período de tempo. No contexto do marketing de conteúdo, a redução da churn rate é um objetivo importante, pois indica uma maior retenção de clientes. As técnicas jornalísticas no marketing de conteúdo podem desempenhar um papel na redução da churn rate ao criar conteúdo contínuo e relevante. Conteúdo de qualidade que mantém os clientes informados, engajados e satisfeitos pode contribuir para uma experiência positiva, incentivando a fidelidade à marca. Ao abordar as necessidades e interesses em constante evolução dos clientes por meio de conteúdo jornalístico, as empresas podem manter um relacionamento duradouro, reduzindo assim a taxa de churn.

[21] Você pode acessar o site nesse link: https://www.google.com.br/alerts

[22] Você pode acessar o site nesse link: https://buzzsumo.com/

[23] Você pode acessar o site nesse link: https://pt.semrush.com/

[24] Você pode acessar o site nesse link: https://www.similarweb.com/pt/

[25] Você pode acessar o site nesse link: https://trends.google.com.br/trends/

[26] Você pode acessar o site nesse link: https://scholar.google.com/

[27] Você pode acessar o site nesse link: https://help.twitter.com/pt/using-x/x-advanced-search

[28] Você pode acessar o site nesse link: https://trello.com/pt-BR

[29] Você pode acessar o site nesse link: https://evernote.com/intl/pt-br

[30] Você pode acessar o site nesse link: https://docs.google.com/

[31] Você pode acessar o site nesse link: https://www.dropbox.com/pt_BR/paper

[32] Você pode acessar o site nesse link: https://www.grammarly.com/

[33] Você pode acessar o site nesse link: https://otter.ai/

[34] Você pode acessar o site nesse link: https://www.microsoft.com/pt-br/microsoft-365/excel

[35] Você pode acessar o site nesse link: https://www.google.com/intl/pt-BR/sheets/about/

[36] Você pode acessar o site nesse link: https://www.tableau.com/pt-br

[37] Você pode acessar o site nesse link: https://powerbi.microsoft.com/pt-br/

[38] Você pode acessar o site nesse link: https://www.grammarly.com/

[39] Você pode acessar o site nesse link: https://hemingwayapp.com/

[40] Você pode acessar o site nesse link: https://docs.google.com/

[41] Você pode acessar o site nesse link: https://www.scribens.com/

[42] Você pode acessar o site nesse link: https://app.wordtune.com/

[43] Você pode acessar o site nesse link: https://quillbot.com/

[44] Você pode acessar o site nesse link: https://trends.google.com.br/trends/

[45] Você pode acessar o site nesse link: https://keywordtool.io/pt

[46] Você pode acessar o site nesse link: https://ads.google.com/intl/pt-BR_br/home/tools/keyword-planner/

[47] Você pode acessar o site nesse link: https://buzzsumo.com/

[48] **Clickbaits** referem-se a técnicas sensacionalistas ou enganosas de apresentação de conteúdo online com o objetivo de atrair cliques, muitas vezes às custas da precisão ou relevância real do conteúdo. Embora o objetivo principal do marketing de conteúdo seja atrair a atenção do público, é crucial manter a integridade jornalística, oferecendo informações precisas e valiosas. Estratégias de clickbait podem resultar em altas taxas de cliques, mas geralmente levam a uma experiência de usuário insatisfatória, pois o conteúdo muitas vezes não atende às expectativas criadas pelo título ou chamada.

[49] Você pode acessar os dados nesse link: https://www.statista.com/statistics/617136/digital-population-worldwide/

[50] Você pode acessar os dados nesse link: https://www.statista.com/statistics/578364/countries-with-most-instagram-users/

[51] Você pode acessar os dados nesse link: https://www.sortlist.com/datahub/reports/your-digital-year/

[52] Você pode acessar os dados nesse link: https://www.tracto.com.br/quanto-tempo-os-brasileiros-gastam-em-redes-sociais/

[53] Para acessar o LinkedIn, você pode usar o link www.linkedin.com. Para acessar um perfil específico, você pode adicionar /in/[nome-de-usuário] ao final do link.

[54] O site oficial do TikTok pode ser acessado através do link www.tiktok.com.

[55] Para acessar o Instagram, você pode usar o link www.instagram.com. Para acessar um perfil específico, você pode adicionar /[nome-de-usuário] ao final do link.

[56] Para criar um link direto para uma conversa no WhatsApp com um número específico, você pode usar o formato https://wa.me/<número>, substituindo <número> pelo número de telefone desejado.

[57] O site oficial do Twitter (X) pode ser acessado através do link www.twitter.com.

[58] Para acessar o Facebook, você pode usar o link www.facebook.com. Para acessar um perfil específico, você pode

adicionar /[nome-de-usuário] ao final do link.

[59] Um **marketplace** é um espaço online onde diferentes vendedores podem listar e vender seus produtos ou serviços a potenciais compradores.

[60] O site oficial do YouTube pode ser acessado através do link www.youtube.com.

[61] O site oficial do Reddit pode ser acessado através do link www.reddit.com.

[62] O site oficial do Pinterest pode ser acessado através do link www.pinterest.com.

[63] O site oficial do Snapchat pode ser acessado através do link www.snapchat.com.

[64] Você pode acessar o site nesse link: https://360suite.google.com/

[65] Você pode acessar o site nesse link: https://pt.semrush.com/

[66] Você pode acessar o site nesse link: https://search.google.com/search-console/about

[67] **KPIs**, ou Indicadores-Chave de Desempenho (Key Performance Indicators), são métricas utilizadas para avaliar o progresso e o desempenho de uma empresa em relação aos seus objetivos estratégicos. No contexto do marketing de conteúdo, a definição e análise de KPIs são essenciais para mensurar a eficácia das estratégias adotadas.

[68] Você pode acessar o site nesse link: https://360suite.google.com/

[69] Você pode acessar o site nesse link: https://search.google.com/search-console/about

[70] Você pode acessar o site nesse link: https://buzzsumo.com/

[71] Você pode acessar o site nesse link: https://pt-br.facebook.com/business/insights/tools/audience-insights/

[72] Você pode acessar o site nesse link: https://analytics.twitter.com/about

[73] Você pode acessar o site nesse link: https://lookerstudio.google.com/overview

[74] **Benchmarks** referem-se a padrões ou pontos de referência que são usados para avaliar o desempenho de uma empresa, projeto ou estratégia em comparação com outros no mesmo setor.

[75] Você pode acessar o site nesse link: https://trello.com/pt-BR

[76] Você pode acessar o site nesse link: https://asana.com/pt

[77] Você pode acessar o site nesse link: https://docs.google.com/

[78] Você pode acessar o site nesse link: https://www.google.com/intl/pt-BR/sheets/about/

[79] O Excel é um software que precisa ser instalado em seu dispositivo e, portanto, não possui um link direto para acesso online. No entanto, você pode usar o Excel Online através do link: www.office.com

[80] Você pode acessar o site nesse link: https://www.canva.com/pt_br/